基督教文化研究丛书

主编 何光沪 高师宁

八编 第 **15** 册

明清民初基督教高等教育空间叙事研究
——中国教会大学遗存考（第一卷）（上）

刘 平 著

花木兰文化事业有限公司

国家图书馆出版品预行编目资料

明清民初基督教高等教育空间叙事研究——中国教会大学遗
存考（第一卷）（上）／刘平 著 -- 初版 -- 新北市：花木兰
文化事业有限公司，2022〔民 111 〕
序 4+ 目 4+182 面；19×26 公分
（基督教文化研究丛书 八编 第 15 册）
ISBN 978-986-518-704-0 （精装）
1.CST：高等教育 2.CST：教会学校 3.CST：历史
4.CST：中国
240.8   110022057

ISBN-978-986-518-704-0

基督教文化研究丛书
八编 第十五册   ISBN：978-986-518-704-0

明清民初基督教高等教育空间叙事研究
——中国教会大学遗存考（第一卷）（上）

作　者 刘 平
主　编 何光沪 高师宁
执行主编 张 欣
企　划 北京师范大学基督教文艺研究中心
总 编 辑 杜洁祥
副总编辑 杨嘉乐
编辑主任 许郁翎
编　辑 张雅淋、潘玟静、刘子瑄 美术编辑 陈逸婷
出　版 花木兰文化事业有限公司
发 行 人 高小娟
联络地址 台湾 235 新北市中和区中安街七二号十三楼
　　　　 电话：02-2923-1455／传真：02-2923-1452
网　址 http://www.huamulan.tw 信箱 service@huamulans.com
印　刷 普罗文化出版广告事业
初　版 2022 年 3 月
定　价 八编 16 册（精装） 台币 45,000 元

明清民初基督教高等教育空间叙事研究
——中国教会大学遗存考（第一卷）（上）

刘平 著

作者简介

刘平，男，1969 年生，哲学博士。曾在加拿大英属哥伦比亚大学维真学院（Regent College at UBC，2000-2001）等地进修，美国加州大学贝克莱分校（UC at Berkeley，2004-2005）、美国协同神学院（Concordia Seminary at St. Louis）、英国牛津大学（Oxford University，2007）、美国西敏神学院（Westminster Theological Seminary at Penn.，2012）、香港汉语基督教文化研究所（2013，2017）、加拿大英属哥伦比亚大学维真学院（2015）以及香港中文大学（2016）访问学者。现为复旦大学哲学学院宗教学系教授，主要研究领域为犹太教、圣经学、汉语神学等。担任中国宗教学会理事、山东大学教育部犹太教与跨宗教中心（教育部重点人文社科基地）兼职研究员。曾在《世界宗教研究》、《道风》、《维真学刊》、《犹太研究》、《世界宗教文化》等学术刊物发表各类论译文、中英文 50 余篇，出版（合）译著 10 部、专著 3 部、书评集 1 部。代表性（合）译著：《圣经正典》（上海人民出版社，2008）、《犹太政治传统》（第一卷，2011，华东师范大学出版社）；代表性专著：《建构中的汉语圣经学》（2014，香港）。开设"圣经精读"等十门课程。

提　　要

　　本书侧重从宗教学角度以史料全面呈现明清民初中国教会大学在空间变迁过程中的宗教性，以及中华人民共和国建立后中国教会大学的存留轨迹。就教会大学的宗教性，本书探究教会大学的宗派背景，其中包括创办教会大学的宗派的欧美起源与在华传教简史、主要代表性人物及其在研究西方和中国宗教上所取得的成果，教会大学与近现代中国爱国反帝运动、共产主义运动之间的史料等。本书特别围绕教会大学办学的生存空间，以之为叙事的主要线索，详细梳理中国教会大学办学空间变化轨迹。教会大学办学空间变迁过程在近现代中国史上明显具有三次巨大波折："大革命"与"收回教育权运动"时期，不少教会大学停办或暂停办学；全面抗日战争时期，大多数教会大学处于大流放状态，在艰苦困顿的时局中反而进一步推动现代中国高等教育；1950 年代全国高校院系调整时期，所有的教会大学经过大规模的拆并，最终除部分校园与建筑之外，作为实体的教会大学及其名称全部消失。在时代大变局中，教会大学的空间轨迹变迁史对于今日中国高等教育具有历史与现实意义。本书以宗教学为切入点，广泛涉猎到历史学、圣经学、文博学以及旅游学等诸多专业领域，以跨学科方法客观描述中国教会大学在历史进程中的空间变迁或空间变迁中的历史命运。

"基督教文化研究丛书"总序

何光沪 高师宁

　　基督教产生两千年来，对西方文化以至世界文化产生了广泛深远的影响——包括政治、社会、家庭在内的人生所有方面，包括文学、史学、哲学在内的所有人文学科，包括人类学、社会学、经济学在内的所有社会科学，包括音乐、美术、建筑在内的所有艺术门类……最宽广意义上的"文化"的一切领域，概莫能外。

　　一般公认，从基督教成为国教或从加洛林文艺复兴开始，直到启蒙运动或工业革命为止，欧洲的文化是彻头彻尾、彻里彻外地基督教化的，所以它被称为"基督教文化"，正如中东、南亚和东亚的文化被分别称为"伊斯兰文化"、"印度教文化"和"儒教文化"一样——当然，这些说法细究之下也有问题，例如这些文化的兴衰期限、外来因素和内部多元性等等，或许需要重估。但是，现代学者更应注意到的是，欧洲之外所有人类的生活方式，即文化，都与基督教的传入和影响，发生了或多或少、或深或浅、或直接或间接，或片面或全面的关系或联系，甚至因它而或急或缓、或大或小、或表面或深刻地发生了转变或转型。

　　考虑到这些，现代学术的所谓"基督教文化"研究，就不会限于对"基督教化的"或"基督教性质的"文化的研究，而还要研究全世界各时期各种文化或文化形式与基督教的关系了。这当然是一个多姿多彩的、引人入胜的、万花筒似的研究领域。而且，它也必然需要多种多样的角度和多学科的方法。

　　在中国，远自唐初景教传入，便有了文辞古奥的"大秦景教流行中国碑颂并序"，以及值得研究的"敦煌景教文献"；元朝的"也里可温"问题，催生了民国初期陈垣等人的史学杰作；明末清初的耶稣会士与儒生的交往对话，带来了中西文化交流的丰硕成果；十九世纪初开始的新教传教和文化活动，更造成了中国社会、政治、文化、教育诸方面、全方位、至今不息的千古巨变……所有这些，为中国（和外国）学者进行上述意义的"基督教文化研究"提供了极其丰富、取之不竭的主题和材料。而这种研究，又必定会对中国在各方面的发展，提供重大的参考价值。

就中国大陆而言，这种研究自 1949 年基本中断，至 1980 年代开始复苏。也许因为积压愈久，爆发愈烈，封闭越久，兴致越高，所以到 1990 年代，以其学者在学术界所占比重之小，资源之匮乏、条件之艰难而言，这一研究的成长之快、成果之多、影响之大、领域之广，堪称奇迹。

然而，作为所谓条件艰难之一例，但却是关键的一例，即发表和出版不易的结果，大量的研究成果，经作者辛苦劳作完成之后，却被束之高阁，与读者不得相见。这是令作者抱恨终天、令读者扼腕叹息的事情，当然也是汉语学界以及中国和华语世界的巨大损失！再举一个意义不小的例子来说，由于出版限制而成果难见天日，一些博士研究生由于在答辩前无法满足学校要求出版的规定而毕业受阻，一些年轻教师由于同样原因而晋升无路，最后的结果是有关学术界因为这些新生力量的改行转业，后继乏人而蒙受损失！

因此，借着花木兰出版社甘为学术奉献的牺牲精神，我们现在推出这套采用多学科方法研究此一主题的"基督教文化研究丛书"，不但是要尽力把这个世界最大宗教对人类文化的巨大影响以及二者关联的方方面面呈现给读者，把中国学者在这些方面研究成果的参考价值贡献给读者，更是要尽力把世纪之交几十年中淹没无闻的学者著作，尤其是年轻世代的学者著作对汉语学术此一领域的贡献展现出来，让世人从这些被发掘出来的矿石之中，得以欣赏它们放射的多彩光辉！

2015 年 2 月 25 日
于香港道风山

序　言

刘平

  中国历史上到底有多少所教会大学？教会大学在 1950 年代的全国高校院系调整中最终归向何处，现今的踪迹何在？要准确、全面回答上述两个问题绝非易事。针对第一个问题，学者们依然无法回答。这固然与教会大学的鉴定标准有关，也与资料的挖掘极其困难有关。针对第二个问题，目前学者们没有给予应有的关注，处于有所知、无所答的尴尬境地。本书试图尝试性地回答上述两个问题。

  自 1978 年以降，中国内地学术界逐步对中国近现代教育史上的中国教会大学展开研究，掀起一场教会大学研究小热点，取得一定学术成果。四十多年的中国教会大学研究具有突出的两个特征。其一，学者们基本上从历史学、教育学研究教会大学的办学历史以及办学之背后的教育理念。也就是说，学者们多数从历史学与教育学研究教会大学本身天然具有的历史、教育属性。第二，民国八年（1919 年），在上海举办的中国大学校长会议组建中国教会大学联合会，确定教会大学包括"在华十四所"（燕京大学、齐鲁大学、金陵女子大学、金陵大学、东吴大学、沪江大学、圣约翰大学、之江大学、福建协和大学、岭南大学、长沙雅礼大学、湖北文华书院、武昌博文书院、华西协和大学）以及"会外五所"（沈阳的文会书院、宁波的三一书院、太谷的铭贤学校、岳阳的湖滨大学、福州的华南女子文理学院）。学者们基本上以此范围为研究对象，其中尤其集中于"在华十四所"中的燕京大学、齐鲁大学、金陵女子大学、金陵大学、东吴大学、沪江大学、圣约翰大学、之江大学、福建协和大学、岭南大学、长沙雅礼大学、华西协合大学以及"会外五所"中的铭贤学校、华南女子文理学院。上述十九所中的其它教会大学研究至今尚属拓荒阶段。

上述中国教会大学研究的两个基本面，存在着显而易见的三个重大片面性或不足之处。其一，就研究对象而言，至今中国内地的教会大学研究大多集中于基督教中的新教教会大学，对基督教中的罗马天主教或公教在华高等教育机构与活动研究相对不足，目前已经出版有关天津的津沽大学[1]以及澳门的圣保禄学院或天主圣母学院（1594-1762 年）研究著作。对新教教会大学研究也严重不足，诸多未列入上述十九所范围内的新教教会大学基本上未受到学术界的关注，至今学术成果乏善可陈。其二，就研究方法而言，大多数研究成果仅仅限于历史学与教育学，而忽略或一笔带过中国教会大学自身的宗教属性，对于创办教会大学的宗派之来龙去脉、宗教教育思想、宗教研究成果、教会大学与共产主义的关系等问题基本上不作探究的对象，从而使内地学术界对于中国教会大学研究缺乏对中国教会大学之宗教性的了解与把握。第三，就研究者的意识形态考量而言，四十多年的中国教会大学研究对港澳台地区教会大学关注相对不足。这种历史视野缺失已经导致一系列的问题，诸如中国第一所教会大学之争、中国大学校史之争，以及港澳台地区在中国近现代高等教育史上的地位等。另外，现有的中国教会大学研究，缺乏大历史观的现象特别体现在对清末民初中国教会大学遗存或中国教会大学在共和国建立后的踪迹完全忽略不计，从而导致今日学术界对于中国教会大学在当代中国高等教育中的踪迹，以及对于当代中国文物保护的意义视而不见。现今已经有一批教会大学，不论进入学术界视野与否，其旧址成为国宝级文物。仅此而言，这意味着教会大学已经成为中华文明中的一个有机组成部分。

鉴于上述问题，本书将研究对象确定为明清民初中国内地、港澳台基督教（主要包括罗马天主教与新教在华宗派）创办与治理的教会大学。而本书的研究重点完全不同于已有的研究成果的突出特征包括如下三个方面。

第一，本书特别关注尚未进入学术研究领域的教会大学，并以之为主要研究对象。也就是说，在进一步梳理已经取得学术成果的教会大学之外，本书的研究对象特别选择不被中国内地汉语学术界聚焦的教会大学。这里涉及到"教会大学"的界定问题。对此，本书采取最低标准，即凡提供大学课程，

---

1 例如，阎玉田：《踞析津之阳——天津工商大学》，北京：人民出版社，2010 年 10 月第 1 版。

且由传教机构和/或传教士创办的学校,均列入教会大学范畴。根据这一标准,澳门的圣保禄学院成为第一所中国教会大学。[2]中国教会大学研究时间上溯至1594年(明万历二十二年),并以此为中国教会大学的发端。中国教会大学的源起、发展与终结经过明末、清末与民初等三大时期。本书研究的时间下限是2020年。对此进一步追踪中国教会大学在1949年之后的撤并与遗存成为研究特色。就此而言,本书否定内地学术界普遍接受的中国教会大学起源"清末论",主张"明末论"。本书在以后的续集中会推出圣保禄学院遗存考证文章。

第二,因罗马天主教与新教是基督教的两大分支,中国教会大学理所当然包括罗马天主教在中国澳门以及内地创办的数所教会大学。本书从宗教学角度研究涉及到在上述期间内(1594-1949年)中国教会大学在变迁过程中的宗教性,以及中华人民共和国建立后中国教会大学的存留轨迹,即大多数中国教会大学的教研资源转入当代中国大学之中,大多数中国教会大学建筑遗存成为省、市或国家级文物和保护单位。对于这一部分,本书将会挖掘、整理,力图确定一份最全、最完整的中国教会大学目录以及空间变迁路线图。就教会大学的宗教性,本书重点探讨创办教会大学的宗派背景,其中包括创办教会大学的宗派的来源与发展,主要代表人物及其在研究西方和中国宗教上所取得的成果,教会大学与近现代中国爱国反帝运动、共产主义运动之间的关系等。

第三,在动荡的清末民初,大多数中国教会大学不得不频繁地变更办学地点。为此本书特别围绕教会大学办学的生存空间,以之为叙事的主要线索,探究中国教会大学办学的空间变化轨迹。中国教会大学办学空间在近现代中国史上明显具有三次巨大的转折:"大革命"与"收回教育权运动"时期,不少教会大学停办或暂停办学;全面抗日战争时期,大多数教会大学处于大流放状态,在艰苦困顿的时局中反而进一步推动了中国高等教育;1950年代全国高校院系调整时期,所有的教会大学经过大规模的拆并,最终除了部分校园与建筑之外,作为实体的教会大学及其名称全部消失。

2　关于圣保禄学院的研究,代表性著作包括:戚印平:《澳门圣保禄学院研究:兼谈耶稣会在东方的教育机构》,北京:社会科学文献出版社,2013年6月第1版;李向玉:《汉学家的摇篮:澳门圣保禄学院研究》,北京:中华书局,2006年12月第1版。

概言之，本书的用力点在于，从宗教学角度切入中国教会大学研究领域。基督教中的罗马天主教与新教自晚明经清末民初入华创建大学，不断完善现代意义上的高等教育制度。特别在清末民初第一轮对外开放语境下，中国高等教育制度开始逐步建立与发展，而教会大学是其中不可或缺、贡献卓著的力量与要素。中华人民共和国建立后，中国教会大学又经过撤并与校名恢复过程。在时代大变局中，教会大学的空间轨迹变迁史对于今日中国高等教育具有历史与现实意义。

致　谢

　　本书的写作计划得到"复旦大学哲学学院 2021 年度原创科研个性化支持项目"的大力扶持，在此深表谢意。本书在写作过程中，在资料收集、图书购买、实地拍摄、图片制作上，得到海内外朋友的大力支持。在此对如下友人致以真挚的谢意：李天纲、徐以骅、孙向晨、刘家峰、贺卫方、陈建明、俞强、赵盼、陈才俊、李亮光、李宜君、吴戈、张士江、沈迦、苏国玉、蒲甫、李军、徐明、李浩、黄欢、丁骏、王铭、张海兵、桃小芳、陈桂照、吴凌云、钱秋、胡永胜、苗光明、吴望华、朱永良、向景葵、曾锐清、杨一九、刘燕林、杨建军。在此，特别致谢那些默默无闻的温暖扶助，让笔者在疫情四起之际，可以顺利完成第一卷书稿。

目次

凡　例

一、有关历史人物的基本信息，特别说明如下：凡外国传教士的原名、生卒年以及华人的生卒年，本书若未标出，则需考证。

二、正文中标注*的建筑，表示该建筑已被拆除。

三、凡引文中标注[ ]的，均为本书作者所加。

四、就年代书写方式，全书根据叙事对象所在地的纪年书写具体年代，然后用括号附加相关纪年，例如，唐武德四年（621 年），1799 年（嘉庆四年），民国八年（1919 年）。本书主体部分一律采用中国王朝纪年、民国纪年和公元纪年。但是，日据时代的台湾纪年特别加上日本纪年，例如，宣统元年（明治四十二年，1909 年）。书中月、日凡使用阿拉伯数字的，均为公历纪年，例如光绪十一年（1885 年）5 月 17 日；凡使用中文小写数字的，均为中国农历纪年。

五、"和合本"，原有三种，即"深文理和合本"、"浅文理和合本"、"官话和合本"或"国语和合本"。本书所使用的"和合本"均指第三种，若使用另外两种，会特别说明。

六、本书的参考书目，均按章单独列出，按照年代顺序排列，置于书末。全书每章可单独阅读。

七、KJV，为 King James Version 的缩写，即英文版的英王钦定译本。

第一章 木铎扬声：三一书院

三一书院
Trinity College
1878-1916 年
宁波市海曙区广仁街 46 号

第一节 四明山麓：鄞县、行教会与慕氏家族

道光二十七年（1847 年）中国地图上的浙江（CHE-KEANG）宁波
（NINC·PO），取自[英]施美夫（George Smith）：《五口通商城市游
记》（*A Narrative of an Exploratory Visit to Each of the Consular Cities of
China, and to the Islands of Hong Kong and Chusan in Behalf of the
Church Missionary Society in the Years 1844, 1845, 1846*），New York:
Harper & Bros.,1847 年。[1]

---

1 中译本参见[英]施美夫（George Smith）：《五口通商城市游记》（*A Narrative of an
Exploratory Visit to Each of the Consular Cities of China, and to the Islands of Hong
Kong and Chusan in Behalf of the Church Missionary Society in the Years 1844, 1845,
1846*），温时幸译，北京：北京图书馆出版社，2007 年 7 月第 1 版。

　　严格意义上，现今的浙江省在历史上只有一所教会大学——之江文理学院。它源起于四明山麓的鄞县（今宁波），落户于杭州。民国八年（1919年）10月，14所在华新教教会大学在上海组建中国教会大学联合会。14所大学包括燕京大学、齐鲁大学、金陵女子文理学院、金陵大学、东吴大学、沪江大学、圣约翰大学、之江大学、福建协和大学、岭南大学、长沙雅礼大学、湖北文华书院、武昌博文书院、华西协合大学，在当时已分别设有文科课程，多数设有理科或工科。这些教会大学通常被称为"在华十四所"。之江文理学院的前身之江大学名列其中。但是，鄞县（时属宁波府）的三一书院（Trinity College），与沈阳（时称奉天）的文会书院、太谷的铭贤学堂、岳阳（时称岳州）的湖滨学院、福州的华南女子文理学院，虽未加入中国教会大学联合会，但已开设大学课程（包括部分课程），因此也被归为在华教会高等教育机构。为了表达简洁，通常它们被称为"会外五所"。[2]另外，宁波另有"斐迪大学"、杭州设有"私立浙江广济医学专门学校"。依此来看，如今的浙江省在历史上总计有4所教会大学。

　　三一书院的永久性校址所在地当时被称为"鄞县"。现今的宁波市区曾为鄞县县治。秦置鄞、鄮、句章三县，均属会稽郡，治所在今浙江省奉化市东北二十八里白社乡。鄞县之名由此而来，并沿袭至今。隋开皇九年（589年）废鄞县，并入句章县。唐武德四年（621年），句章县被分，以原鄮、鄞、句章建鄞州，治三江口（今宁波城区）；武德八年（625年），鄞州废，置鄮县；开元二十六（738年），鄮县分为慈溪、翁山（今舟山定海）、奉化、鄮县四县，增设明州以统辖之，县治、州治均设在小溪镇鄞江桥。五代梁开平三年（909年），鄮县改鄞县，县治从小溪镇迁三江口，为明州治，治所即今浙江省宁波市。从此，明州和鄞县合治，鄞县也未改名，始终以"鄞"为名，沿袭至今。南宋绍熙五年（1194年），鄞县为庆元府治；元为庆元路治；明初为明州府治。洪武十四年（1381年），明朝为避讳，改明州为宁波，鄞县为宁波府治。这是"宁波"地名之始。清鄞县为宁波府治；民国初为会稽道治，为道尹公署驻地。民国十六年（1927年），鄞县县城及城郊六七里地设宁波市。宁波市直属省，鄞县属省辖，县市并列，互不管辖。民国二十年（1931年）撤销宁波市建制，并市入县，归属鄞县，宁波重新成为鄞县县城。1949年，鄞县县城宁波解放，宁波从鄞县析出，设宁波市，同时设浙江省第二专区，鄞县属第二

2　王文杰：《民国初期大学制度研究（1912-1927）》，上海：复旦大学出版社，2017年9月第1版，第47-48页。

专区辖，县迁祖明乡松下漕村，旋迁东南姜山镇。同年，第二专区改宁波专区，鄞县为宁波专区辖县。1958 年，鄞县撤并入宁波市。1962 年，鄞县复置，属宁波专区。1970 年，宁波专区改为宁波地区，鄞县为宁波地区所辖七县之一。1983 年，宁波地区与宁波市合并，总称宁波市，采用以市领县制，鄞县属宁波市。3 2002 年，在"撤县设区"计划中，鄞县改设为宁波市鄞州区。2016 年，江东区行政区域划归宁波市鄞州区，将宁波市原鄞州区管辖的集士港镇、古林镇、高桥镇、横街镇、鄞江镇、洞桥镇、章水镇、龙观乡、石碶街道划归宁波市海曙区管辖。原三一书院所在地位于现今的海曙区。

　　宁波之地自周简称"甬"。"甬"是古代大钟的象形字。位于浙江鄞、奉两县县境的山峰似古代覆钟，故名"甬山"，流经的鄞江故名"甬江"，这一地区也被称为"甬"。4 道光二十二年（1842 年），根据《中英江宁条约》即《中英南京条约》，宁波被辟为五口通商口岸之一，商场分为城内、江东、江北三区。5

　　鄞县的三一书院由来自遥远的英国国教会即英国圣公会差会所创办。英国圣公会属于圣公宗（Anglicanism）。圣公宗是 16 世纪英国宗教改革的产物，为新教的主要宗派之一。其英文原为 Anglican，音译为"安立甘"，原意为"英格兰的"。圣公宗因起源于英格兰，也汉译为"安立甘宗"。圣公宗，在英格兰被立为国教，英文为 the Church of England，即英格兰国教会或英格兰圣公会。在英格兰以外的英国其它地方（如苏格兰、北爱尔兰、威尔士等）以及其它国家，圣公会皆非国教，组织上也不从属于英格兰圣公会，但也采用安立甘之名；后为区别于英格兰圣公会，以主教制加地区来命名，如：Episcopanlian Church in USA，即美国圣公会。圣公宗在教义与礼仪上与罗马天主教接近，但并无类似于罗马教廷的圣统制，只习惯上尊奉英格兰坎特伯雷大主教为精神领袖。圣公会设立教区，教区之上设立大主教区。6 1799 年（嘉庆四年）4 月 12 日，英格兰圣公会创立海外传教会，名为"非洲和东方传教会"（The Society for Mission to Africa

---

3　崔乃夫主编：《中华人民共和国地名大词典》，第 1 卷，北京：商务印书馆，1998 年 1 月第 1 版，第 1662 页。

4　郝铭鉴、孙欢主编：《中华探名典》，上海：上海锦绣文章出版社，2014 年 7 月第 1 版，第 129 页。

5　段木干主编：《中外地名大辞典》，第 6-7 册，台中市：人文出版社，1981 年 6 月第 1 版，第 4564 页。

6　中国宗教协会编：《中国宗教百科大辞典》，北京：民族音像出版社，2007 年第 1 版，第 197-198 页；夏征农主编：《辞海：宗教分册》，上海：上海辞书出版社，1988 年 5 月第 2 版，第 138-139 页。

and the East），1812 年（嘉庆十七年）后改称为"非洲和东方教会传教士协会"（The Church Missionary Society for Africa and the East，简称 Church Missionary Society，CMS）。它是 19 世纪传教范围最广、输送传教士最多的新教差会之一。[7]该会入华后被译为"行教会"[8]；在上海又被称为"规矩会"[9]。

行教会早在鸦片战争前的道光十六年（1836 年）差派史归尔（又译"史夸尔""史爱华"，Edward B. Squire）前往东方，在新加坡、马六甲等地传教，曾到达澳门。道光二十四年（1844 年），行教会差派施美夫[10]（又称"四美"、"史美夫"，George Smith，1815-1871 年）和麦丽芝[11]（又称"麦赖滋"、"麦克开拉启"，Thomas R. H. McClatchie，1812-1885 年）到达香港，由此开启英格兰圣公会在华传教活动。[12]他们考察通商口岸后，确定宁波为该差会在华的

7　谷雪梅、李珂杨：《近代宁波三一书院述评》，刊于《宁波大学学报（教育科学版）》第 39 卷第 4 期，2017 年 7 月，第 39 页。

8　左芙蓉：《华北地区的圣公会》，北京：宗教文化出版社，2017 年 7 月第 1 版，第 1 页。

9　姚民权：《基督教初传上海记》，收录于吴汉民主编，蒋澄澜、周骏羽、陶人观等副主编：《20 世纪上海文史资料文库第 9 辑：宗教民族》，上海：上海书店出版社，1999 年 9 月第 1 版，第 140-149 页，特别参见第 142-143 页。

10　施美夫生于英格兰萨默塞特郡的惠灵顿，1837 年（道光十七年）获英国牛津大学学士学位，并于 1843 年（道光二十三年）获硕士学位，1849 年（道光二十九年）获博士学位。施美夫于 1839 年（道光十九年）被按立为会吏（Deacon），又于次年被按立为牧师，加入行教会。道光二十四年（1844 年）9 月 25 日，施美夫与麦丽芝作为最早来华的二位英格兰圣公会传教士抵达香港，但由于身体健康欠佳，提早返回英格兰。道光二十九年（1849 年），施美夫被祝圣为香港维多利亚教区主教（1849-1865 年在任），并担任香港圣保罗书院（St Paul's Missionary College，St Paul's College）首任院长；次年 5 月 29 日，与其新婚妻子再次抵达香港，投入传教与教育工作。施美夫于同治三年（1864 年）退休返英，后病逝，著有《1844-1846 年代表大英安立甘会调查中国各设领事馆城市及香港和舟山诸岛纪事》（*A Narrative of an Exploratory Visit to Each of the Consular Cities of China, and to the Islands of Hong Kong and Chusan in Behalf of the Church Missionary Society in the Years 1844, 1845, 1846*）（New York : Harper & Bros., 1847 年）。中译文书名为《五口通商城市游记》。参见[英]伟烈亚力（Alexander Wylie）：《1867 年以前来华基督教传教士列传及著作目录》（*Memorials of Protestant Missionaries to the Chinese: Giving a List of their Publications and Obituary Notices of the Deceased*），倪文君译，桂林：广西师范大学出版社，2011 年 1 月第 1 版，第 171-173 页。

11　麦丽芝以汉学家以及汉语圣经翻译家而著称。第一部《易经》足本英译本出自麦丽芝之手，于 1876 年（光绪二年）在英国出版，英译名为 *Book of Changes*。他与其他传教士合作翻译并出版上海方言圣经译本（1870 年）。

12　谷雪梅、李珂杨：《近代宁波三一书院述评》，同上，第 39 页。

传教中心。[13]与此同时，道光二十四年（1844 年），美国圣公会文惠廉（William Jones Boone，1811-1864 年）入华，成为美国圣公会第一位驻华主教。此后，加拿大等国的圣公会陆续来华传教。民国元年（1912 年），为统一该宗在华传教工作，各国圣公会在上海成立中华圣公会总会，并划分传教区。美国圣公会以上海为基地，建立江苏、鄂湘、皖赣 3 个教区；同治四年（1865 年），在上海建立培雅书院；次年，设度恩书院；光绪五年（1879 年），两个书院合并为圣约翰书院，后发展成为著名的教会大学——圣约翰大学。美国圣公会又在武昌建立文华大学，其英文校名为 Boone University，即文惠廉大学，以此纪念文惠廉在华传教工作上所作出的卓越贡献。英格兰圣公会曾在香港创设圣保罗书院；道光二十八年（1848 年）始在宁波传教；与其它圣公会相较，其传播区域最广，建立浙江、福建、港粤、华北、山东、四川、桂湘等 7 个教区。加拿大圣公会于宣统二年（1910 年）传入，仅建立河南教区。该宗与其它宗派联合创建的著名的教会大学包括燕京大学、华西协合大学等。本书将设专章介绍上述教会大学。

慕稼谷（摄于 1890 年代）[14]

---

13 阮仁泽、高振农主编：《上海宗教史》，上海：上海人民出版社，1992 年 7 月第 1 版，第 798 页。

14 取自网站：https://www.npg.org.uk/collections/search/person/mp98520，引用日期：2021 年元月 17 日。

咸丰八年（1858 年），行教会派遣慕稼谷（George Evans Moule，1828-1912
年）来华，对三一书院留下深刻的影响力。慕稼谷于 1850 年（道光三十年）
从剑桥大学基督圣体学院毕业，获文学士学位；1857 年（咸丰七年）入行教
会，次年 2 月偕妻来华布道，驻宁波；同治三年（1864 年）由宁波转杭州。
[15]光绪六年（1880 年），行教会将华北教务移交同宗之安立甘会，改设华中主
教区（后称浙江主教区），慕稼谷为首任会督（Priest），以杭州马市街信一堂
为座堂，统辖江浙及四川诸省教务；同年获母校所授神学博士学位。光绪三
十一年（1905 年），慕稼谷当选为基督圣体学院荣誉评议员；光绪三十三年
（1907 年），辞会督职退休。慕稼谷的发妻于宣统元年（1909 年）在杭州去
世。宣统三年（1911 年），慕稼谷返英，在英去世。慕稼谷在圣经翻译上贡献
颇著，于同治七年（1868 年）与岳斐迪（Frederick Foster Gough，1825-1889
年）合译宁波方言罗马字《新约全书》，另著有《信仰与责任》（*Faith and Duty*，
1902 年）、《杭州纪略》（*Notes on Hangchow*，*Past and Present*，第二版，1907
年）和《六十回顾》（*A Retrospect of Sixty Years*：*A Paper Read at a Meeting
of the Hangchow Missionary Association*，1907 年）等。[16]慕稼谷积极推动教会
本色化，于光绪元年（1875 年）按立沈恩德（？-1899 年）为会吏（Deacon），
翌年沈恩德升任会长；是年又按立王有光（Wong-Yiu-Kwông，1843-1909 年）
为会吏，后王有光升任会长。王有光即王正廷（1882-1961 年）之父。沈恩德
以及王有光的后代与三一书院之间的关系源远流长。王有光家族出自浙江省
奉化县，名列清末民初七大新教世家之一，与鲍哲才（1833-1895 年）家族、
黄光彩（1827-1886 年）家族、颜永京（1839-1898 年）家族、倪韫山（1846-
1889 年）家族、李子义（1844-1904 年）家族、许芹（Huie Kin，1854-1934
年）家族并称。[17]

---

15 [英]伟烈亚力（Alexander Wylie）：《1867 年以前来华基督教传教士列传及著作目
　　录》（*Memorials of Protestant Missionaries to the Chinese*：*Giving a List of their
　　Publications and Obituary Notices of the Deceased*），同上，第 300-301 页。
16 拉库爷爷的博客：《慕稼谷》，刊于"新浪博客"网站：http：//blog.sina.com.cn/
　　s/blog_44a823a80102yg18.html，引用日期：2021 年元月 17 日。
17 参见罗元旭：《东成西就：七个华人基督教家族与中西交流百年》，香港：三联书
　　店（香港）有限公司，2012 年 10 月第 1 版；北京：生活·读书·新知三联书店，
　　2014 年 5 月第 1 版。

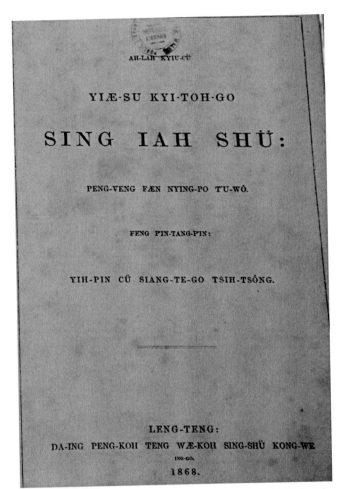

罗马字宁波土白或方言《咱的救主耶稣基督的新约书》
（*Ah-lah kyiu-cü Yiæ-su Kyi-toh-go Sing Iah Shü*），同治七
年（1868年），慕稼谷译《希伯来书》第8章至《启示录》。

　　王有光，原名际唐，祖籍浙江省宁波府奉化县税务场，家族居奉化六百余年。王有光生于慈溪县庄桥。王母蔡氏皈依基督。父亲早逝，蔡氏独立抚养二子一女，送王际唐入宁波城中义塾上学。该义塾即为中国最早圣公会学校之一的宁波三一书院前身。王际唐在此熟习《圣经》，因基督教本义"主为普世之光，信主则得光明"而得教名"有光"。王有光先后襄理英格兰圣公会在华三代牧师即禄赐悦理（又称"禄赐"、"陆赐"，William Amstrong Russell，1821-1879年）、慕稼谷、慕雅德（Arthur Evans Moule，慕稼谷之弟，1836-1918年）。王有光协助禄赐悦理译《圣经》为宁波话。王有光任三一书院教习。光绪二年（1876年）6月11日圣三一主日，王有光在宁波被封为牧师，是中国最早获册封的英格兰圣公会牧师。英格兰圣公会原计划于宣统元年（1909年）册封王有光为在华首位主教，但王有光于同年在沪先逝，在华主教之位因此延后，于民国七年（1918年）由王有光的同侪沈恩德之子、主理三一书院的沈载琛（再生，Sing Tsae-seng，1861-1940年）出任。王有光于同治十年（1871年）娶慈溪人基督徒施幼娴（1853-1946年）为妻，膝下有五子（"正"字辈）四女，开创王有光家族。[18]民国元年（1912年）9月初前后，蔡元培（1868-1940年）撰写《王有光墓志铭》，略谓：

> 先生讳际唐，字有光……浙江奉化县人。……自幼好学，既信基督教……为宁波仁爱书院监督。年三十，为会长，任牧师事，历三十四年。……以疲疾辞职，卒于民国纪元前二年二月十七日，年六十有七。子五人……次即儒棠，名正廷，毕业于北洋大学及美利坚合众国耶尔大学[19]……女四人，孙十三人，孙女五人。铭曰：基督教宗，旨在笃信，其次辩才，翼导后进。我国信徒，或图利用，激成反抗，历史志痛。猗欤先生，致知识职，历数十年，不随不激。
> 垂范后昆，竞修学术。智信平行，庶起废疾。[20]

慕稼谷家族中另外还有3人与华中传教区有关。他们分别是慕稼谷弟弟慕雅德，及子侄辈慕阿德（又译"穆勒"、"穆尔"，Arthur Christopher Moule，1873-1957年）、慕华德（Walter Stephen Moule，1864-1949年）两兄弟。慕稼谷之子慕阿德出生于杭州，后赴山东传教。他是英国剑桥大学毕业的建筑师，著有《一五五〇年前的中国基督教史》[21]等。慕雅德来华之初也在宁波传教，自光绪四年（1878年）主持杭州圣公会教务，后转赴上海。他的二儿子慕华德担任宁波三一学校校长30余年。[22]

---

18 罗元旭：《东成西就：七个华人基督教家族与中西交流百年》，北京：生活·读书·新知三联书店，2014年5月第1版，第220-221页。

19 即耶鲁大学。

20 高平叔撰著：《蔡元培年谱长编》，第一卷，北京：人民教育出版社，1999年3月第1版，第482页。

21 [英]阿·克·穆尔（Arthur Christopher Moule）：《一五五〇年前的中国基督教史》（*Christians in China Before the Year 1550*），北京：中华书局，郝镇华译，1984年11月第1版。

22 丁光：《伯明翰大学收藏的慕氏家族档案》，《浙江档案》2013年第6期，第44-46页。另外参见罗伟虹主编：《中国基督教（新教）史》，上海：上海人民出版社，2016年10月第1版，第114-115页。

第二节　俊彦辈出：三一书院的创建与转型

义塾（1868-1878 年）

三一书院校史最早可上溯到道光二十八年（1848 年）。是年的 5 月 13 日，哥伯播义（又称"柯播义"，旧译"戈柏"、"高保德"，Robert Henry Gobbold，1816-1893 年）与禄赐悦理同受行教会派遣结伴抵达鄞县，购得城中贯桥旁民房一栋为寓所，共同布道兴学。哥伯播义于 1839 年（道光十九年）就读于剑桥彼得豪斯学院（Peterhouse College），于 1843 年（道光二十三年）获文学士学位，1844 年（道光二十四年）与 1845 年（道光二十五年）先后被祝圣为会

青年时代的哥伯播义[23]

吏、会督。哥伯播义在英国从事教牧工作两年后，于道光二十七年（1847 年）受行教会派遣来华传教。禄赐悦理是爱尔兰人，就读于都柏林的三一学院（Trinity College）。咸丰元年（1851 年）哥伯播义从宁波转香港回英，次年 4 月与布凯瑟（Caroline Ann Brown，1828-1922 年）结婚，婚后不久即于 7 月携妻再次来宁波传教。禄赐悦理于咸丰二年（1852 年），与第一位入华女传教士、苏格兰人艾迪绥（Mary Ann Aldersey，1797-1868 年）所办宁波女塾（1843 年创建，甬江女子中学前身）教习雷玛丽（Mary Ann Leisk, 1828-1887 年）结婚。

禄赐悦理与哥伯播义在宁波传教。咸丰四年（1854 年），禄赐悦理与哥伯播义在宁波府城县学街建造第一座礼拜堂，名为"仁恩堂"。咸丰五年（1855 年），英格兰圣公会在宁波郊县慈溪观海卫租赁房屋并设为布道所，隔年在观海卫南门外建"圣约翰堂"，传教活动场所由布道所扩大为教堂。咸丰七年（1857 年），哥伯播义因健康原因与家眷回英，后一直在英国从事教牧工作。

23　图片取自 Anthony Cobbold: Rev. Robert Henry Gobbold，刊于"哥伯家族史基金会"（The Cobbold Family History Trust）网站：https://family-tree.cobboldfht.com/people/view/148，引用日期：2021 年元月 17 日。

哥伯播义在宁波共住8年，曾担任宁波教区副主教，著有《市井图景里的中国人》[24]。咸丰八年（1858年），慕稼谷在宁波建立浙江圣公会布道站，创建圣公会浙江教会。[25]宁波逐步发展成为英格兰圣公会在华传教活动的中心。同治元年（1862年），禄赐悦理也因健康原因携眷回国，从事译经工作。[26]

禄赐悦理于同治七年（1868年）重返宁波，将民房改建为三层高楼，在贯桥头设立贯桥义塾，并主持校务工作。[27]学校因肄业学生一律不收膳学费，故名"义塾"。这家义塾为男子寄宿学校，小学程度，为三一书院的建立奠

24 [英]哥伯播义（Robert Henry Gobbold）：《市井图景里的中国人》（*Pictures of the Chinese, Drawn by themselves*），刘犇、邢锋萍译，上海：学林出版社，2017年1月第1版。全书分为三十章，每个章节介绍一种行业，配有大量插图，采用图文并茂的方式勾勒出晚清时期浙东地区市井百态。在王娟作的"序"中（第1页），将其出生日期确定为1820年，为误。有关生平介绍参见 Anthony Cobbold：Rev. Robert Henry Gobbold，刊于"哥伯家族史基金会"（The Cobbold Family History Trust）网站：https://family-tree.cobboldfht.com/people/view/148，引用日期：2021年元月17日。另外参见[英]伟烈亚力（Alexander Wylie）：《1867年以前来华基督教传教士列传及著作目录》（*Memorials of Protestant Missionaries to the Chinese：Giving a List of their Publications and Obituary Notices of the Deceased*），同上，第221-222页。

25 卞梁：《西来的人马——传教士慕雅德与宁波印象》，刊于《宁波职业技术学院学报》2016年4月第20卷第2期，第82-85页。

26 参见[英]伟烈亚力（Alexander Wylie）：《1867年以前来华基督教传教士列传及著作目录》（*Memorials of Protestant Missionaries to the Chinese：Giving a List of their Publications and Obituary Notices of the Deceased*），同上，第222-223页。

27 参见[英]伟烈亚力（Alexander Wylie）：《1867年以前来华基督教传教士列传及著作目录》（*Memorials of Protestant Missionaries to the Chinese：Giving a List of their Publications and Obituary Notices of the Deceased*），同上，第222-223页。同治十二年（1873年）行教会成立华北主教区，禄赐悦理被奉派为首任会督，总持九省教务，隔年履任。光绪元年（1875年），英国女王维多利亚（Alexandrina Victoria，1819-1901年）敕命上海圣三一堂为主教座堂，由坎伯雷特大主教主管，由华北主教区会督禄赐悦理主持。光绪三年（1877年）禄赐悦理与美国长老会教育传教士范约翰（John Marshall Willoughby Farnham，1829年-1917年）、丁韪良（William Alexander Parsons Martin，1827-1916年），以及监理会教育传教士林乐知（Young John Allen，1836-1907年）、蓝柏（James William Lambuth，1829-1892年）等，在上海发起组织中国圣教书会（Chinese Religious Tract Society）。禄赐悦理被推举为会长。两年后禄赐悦理在上海病故。禄赐悦理著有《圣经翻译词语问题》（*The Term Question：or An Enquiry as to the Term which Most Nearly Represents Elohim and Theos as They are Used in Holy Scriptures*）（1877年）；与美国长老会教士蓝亨利（Henry van Vleck Rankin，1825-1863年）等合译宁波方言罗马字《新约全书》（1868年）。此外，禄赐悦理用宁波方言罗马字编译《请到耶稣所在来》（*Come to Jesus*，1853年）和《讲解十二卷》（*Twelve Sermons*，1858年）等传教读物。

定基础。学校规模小，学生仅有 8-20 人，主要以汉语授课，开设"圣经"与"国文"两门课程。与此同时，禄赐悦理在鄞县又设女塾三所：一在城南大庙前之仁德堂，一在城中小校场，一在城西五块桥板。后三女校合并为一，设于教闻坊基督堂对面，成为仁德女校的开端。[28]仁德女校后来并入三一中学。

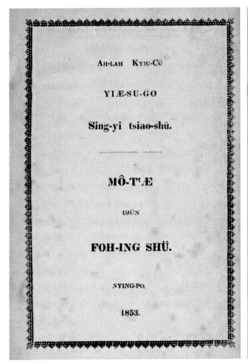

罗马字宁波土白《救主耶稣的新遗诏书–马太传福音书》(*Ah-lah kyiu-cü Yiæ-su go Sing yi tsiao-shü -- Mô T'æ djün Foh-ing shü*)，咸丰三年（1853 年），禄赐悦理等翻译。

同治八年（1869 年），岳斐迪管理校务。岳斐迪于 1847 年（道光二十七年）毕业于剑桥大学圣约翰学院；道光三十年（1850 年），随施美夫来华布道兴学，驻宁波；咸丰二年（1852 年）回国，次年获母校文科硕士学位。1854 年（咸丰四年）与雷玛瑞（Mary Vigars LeMare，? -1861 年）结婚，旋携妻返回宁波。咸丰九年（1859 年），岳斐迪奉派至余姚，次年冬携病妻回英，隔年初妻子病故，处理后事毕即重返宁波。同治五年（1866 年），岳斐迪娶福汉会传教士祝恩赐（又译"卓恩赐"，John Jones）寡妻祝玛丽（又译"卓玛丽"，Ann Marie Jones）为继配。同治七年（1868 年）贯桥头义塾开办后，岳斐迪参与管理工作；次年长校，随即在义塾创办印书馆。为解除当地民众的排外心理

---

28 谷雪梅、李珂杨：《近代宁波三一书院述评》，同上，第 40 页。

以及鸦片战争带来的仇英情绪，岳斐迪聘请义塾毕业生王有光为教习。岳斐迪于光绪三年（1877 年）出席来华新教差会在上海举行的第一次传教士大会，当选为委办会委办，并作《提高本土教会道德水准和灵属生命的最好方法》（The Best Means of Elevating the moral and Spiritual Tone of the Native Church）主题发言。光绪七年（1881 年），岳斐迪离甬返英，所遗印刷所移交三一书院，改称三一书院印书局（Trinity College Press）。[29]

三一书院（1878-1916 年）

GOD AND MAN

IN THE

CHINESE CLASSICS,

A SHORT STUDY OF CONFUCIAN THEOLOGY.

BY

THE REV. J. C. HOARE, M.A.,

Principal of the C. M. S. Theological College, Ningpo.

PRINTED AT THE COLLEGE PRESS, NINGPO,
A.D. 1895.

霍约瑟长校三一书院期间，在三一书院附设的印书局出版《中国经典中的神与人：儒家神学简论》（*God and Man in the Chinese Classics: A Short History of Confucian Theology*）（1895 年），该书封面。[30]

---

29 同上，第 241-242 页。光绪八年（1882 年），岳斐迪娶毕艾米（Emily Bear）为再继配，后于英国去世。岳斐迪与内地会创始人戴德生（James Hudson Taylor, 1832-1905 年）、慕稼谷合译有罗马字宁波方言《新约全书》（1868 年），另外著有中文宣教小册子《一杯酒》（*A Cup of Wine*，1852 年）。

30 [英]霍约瑟（Joseph Charles Hoare）：《中国经典中的神与人：儒家神学简论》（*God and Man in the Chinese Classics：A Short History of Confucian Theology*），宁波（Ningpo）：三一书院印书局（The College Press），1895 年。

光绪二年（1876 年），行教会派遣毕业于英国剑桥圣三一学院的霍约瑟（Joseph Charles Hoare，1851-1906 年）抵鄞县。霍约瑟先后就读于英国汤布里奇学校（Tonbridge School）和剑桥大学圣三一学院。1875 年（光绪元年），他在汤布里奇圣三一堂任牧师。霍约瑟在三一书院的创建与发展上贡献颇多。当他来到鄞县时，禄赐悦理正购买孝闻坊的一方地皮，位于住宅之东首。霍约瑟襄助禄赐建筑校舍，此即后来的仁泽医院（19 世纪 70 年代-1934 年，英格兰圣公会创办）[31]、三一小学所在地。长方形的校舍未经装修，与街道平行，于秋季完工。霍约瑟遂将贯桥的义塾迁于新校舍，兼用作礼拜堂。光绪四年（1878 年），霍约瑟担任监院即校长，将义塾命名为"三一书院"，取"圣父、圣子、圣灵"三位一体之义，也为纪念自己的英国母校圣三一学院。[32]三一书院附设有小学。教员王有光带 8 名学生入住。此 8 名学生即成为三一书院的第一批学子。学校除开设"圣经"和"国文"外，增设"算学"、"历史"与"地理"等课程。光绪三年（1877 年）初，三一书院学生人数增到 10 人，第二年增至 18 人。[33]光绪五年（1879 年），行教会派遣霍约瑟的妹妹及妹婿山烈成（R. Shan，1879-1883 年任教）夫妇抵达宁波任教职。

霍约瑟在三一书院主校廿年（1878-1898 年），为三一书院发展作出重要贡献。光绪七年（1881 年），三一书院因办学规模扩大继而在李衙桥（今广仁街）扩建新校舍。光绪九年（1883 年），霍约瑟将三一书院迁至新校舍，此即后来的广仁街第八中学校址，并添设神道院（Theological Class），学制 2 年[34]。至光绪九年（1883 年），书院正式分"备馆"、"正馆"、"神道院"三级教育建制，另外继续开设小学。其中的"备馆"和"正馆"类似于后来的中学和大学。"备馆"学制两年，学生通过考试合格后可选择进入"正馆"或另谋出路。"正馆"的学习时间需持续到学生 19 岁。神道院是三一书院的重要组成

---

31 参见谷雪梅：《英国圣公会宁波仁泽医院的建立及其影响》，收录于张伟主编：《浙江海洋文化与经济》，第 2 辑，北京：海洋出版社，2008 年 10 月第 1 版，第 200-205 页。

32 大部分资料将三一书院建立的年代确定为 1876 年，参见季啸风主编：《中国书院辞典》，杭州：浙江教育出版社，1996 年 8 月第 1 版，第 48 页。本文认为，迁至新校址以及更换监院、霍约瑟大力推进教学建制，可能为新校名的起始年代。

33 谷雪梅、李珂杨：《近代宁波三一书院述评》，同上，第 40 页。

34 也有资料认为学制为 3 年，本文依据不才：《三一神学之所闻》，刊于《圣公会报》1947 年第 8 期，转引自龚缨晏执行主编：《近现代报刊上的宁波》，下，宁波市政协文史委员会编，宁波：宁波出版社，2016 年 1 月第 1 版，第 629 页。

部分之一。神道院学生年龄一般超过 25 岁，基督徒家庭申请者优先考虑，入学者不仅需要通过基础学科考试，还要通过基督教知识考试，且有 3-5 年的教会服务经历。[35]作为教会学校的三一书院向来重视基督教教育，《圣经》是最重要的课本。学校规定学生若"圣经"与"英文"两科不及格则不能获得升级资格，也不能毕业。神道院主要学习"圣经"、"基督教神学"、"历史"等课程。在课堂教学之外，三一书院也重视教牧实践活动。霍约瑟将学生分成小组，去宁波街头或各教堂传教，或至宁波周边城乡布道。[36]三一书院最初的办学经费主要由行教会承担。自光绪七年（1881 年），三一书院正式改免费制为收费制，学生学费和社会捐助逐渐成为办学经费的两大重要来源。[37]

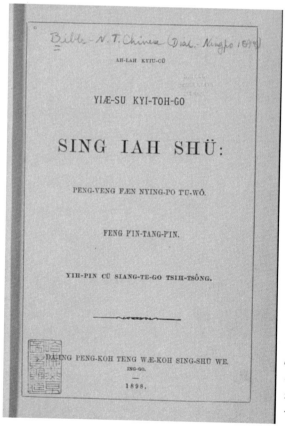

罗马字宁波土白或方言《新约全书》：《咱的救主耶稣基督的新约书》（*Ah-lah kyiu-cü Yiæ-su Kyi-toh-go Sing Iah Shü*），修订第 1 版，光绪二十四年（1898 年），多名华人译者在霍约瑟等传教士督导下完成修订工作。

---

35 谷雪梅、李珂杨：《近代宁波三一书院述评》，同上，第 40 页。
36 谷雪梅、李珂杨：《近代宁波三一书院述评》，同上，第 40 页。
37 谷雪梅、李珂杨：《近代宁波三一书院述评》，同上，第 40 页。该文认为"备馆"和"正馆"类似于后来的小学和中学。根据教会大学学制发展历史，备馆为中学部，正馆为大学部，蒙馆为小学部，三一书院没有小学，即蒙馆。

随着办学规模扩大，光绪十年（1884年）、光绪十一年（1885年），行教会先后派林悦理（W. L. Groves，1884-1886年任教）、沐约翰（J. H. Morgan，？-1888年，1885-1888年任教）来鄞县担任书院教习。后林、沐二人皆因病回英。光绪十四年（1888年），行教会复遣慕华德、海多马（T. H. Harvey）来鄞县襄助霍约瑟办学。光绪十五年（1889年），三一书院增加两名华籍助手沈载琛和MôKwim-yü（中文原名不详）参加教学工作，之后华人逐步担任各科老师，校务也逐步转由华人主持。[38]

在三一书院历史上，沈载琛家族与之关系密切。沈载琛，教名"再生"，自父及子三代与三一书院密不可分。沈载琛是三一书院毕业生中最著名的基督教人士。沈载琛生于宁波仁泽堂小屋内。其出生地原为禄赐会督住宅，即后来的仁泽医院院址，今位于孝闻街。他的父亲沈恩德于光绪元年（1875年）由英格兰圣公会按立为会吏，是浙江英格兰圣公会史上最早任会长圣品之华人。同治九年（1870年），沈载琛入位于城中之贯桥头的义塾即后来的三一书院小学部读书；光绪二年（1876年），随学校迁至孝闻坊并更名，就读于三一书院，于光绪六年（1880年）毕业。毕业后，沈载琛在母校小学部教书。二年后李衙桥旁之新校舍落成。他在新校园继续任教员3年，担任"算学"、"地理"并"希腊文"课程的教员。他担任母校小学部教员总计有5年时间。光绪十一年（1885年），沈载琛再入母校神道院就读，在学习神道之同时继续担任教员。两年之后毕业，他得监院霍约瑟赏识，在三一书院担任教职并襄理院务。沈载琛从三一书院以及神道院毕业之后，在三一书院任教前后达32年之久（1880-1912年），为教会培养出一批神职人员。光绪十五年（1889年），沈载琛由会督慕稼谷按立为圣公会会吏；次年，晋授会长（即牧师）职。光绪二十四年（1898年），霍约瑟升任香港会督后，三一书院由慕华德主院，沈载琛为该院教务长，兼管宁波牧区教务。民国六年（1917年），沈载琛被推举为副会督；民国七年（1918年）10月2日，在上海救主堂（Church of Our Saviour）被授任为中华圣公会（Chinese Church Missionary Society）浙江省圣公会会督，成为国内第一个被派任会督之职的中国人，被誉为中华圣公会第一位华人主教。[39]沈载琛在推动教会本土化运动上作出重要贡献。在英国伦敦威斯敏斯特

---

38 谷雪梅、李珂杨：《近代宁波三一书院述评》，同上，第40页。
39 参见《沈载琛主教前日逝世》，原刊于《申报》1940年9月9日，转引自宁波市档案馆编：《〈申报〉宁波史料集》，8，宁波：宁波出版社，2013年11月第1版，第3712页。

大教堂（Westminster Cathedral）旁英国圣公会联合宣教会堂内曾有纪念他的五彩玻璃窗，框内有他穿着礼服的人像供人瞻仰。

沈载琛的长子沈嗣信（Z. S. Sung，1884-1939 年）、次子沈嗣仁（189? -1919 年）与三子沈嗣良（Z. L. Sung，1896-1967 年）均从三一书院毕业。[40]沈嗣信生于宁波，早年就读于三一书院，后至上海圣约翰书院神学院求学；毕业后留任上海圣约翰书院讲师，后任上海南市石皮弄天恩堂牧师。民国二十六年（1937 年）日本全面侵华战争爆发后，沈嗣信避难于梵皇渡圣约翰大学[41]内，于民国二十八年（1939 年）病逝。[42]沈嗣仁，又名沈慈仁，生于宁波，早年就读于三一书院，后随父去上海圣约翰大学学习医科；民国三年（1914 年）毕业，获医学博士学位，是最早一批医学博士之一。之后沈嗣仁去美国哈佛大学医科深造，获医学博士学位。回国后，沈嗣仁在湖南湘雅医学院担任病理学教授，开创病理学系，研究伤寒病菌，后因感染病菌而去世。[43]沈嗣仁临病逝时，嘱咐捐献遗体作病理解剖之用，创捐躯供医学研究之先例。[44]沈嗣良生于宁波，先后在三一书院和圣约翰大学读书。民国八年（1919 年），沈嗣良从圣约翰大学毕业后去美国留学，获哥伦比亚大学教育管理硕士学位。民国十二年（1923 年），沈嗣良回国，应聘为圣约翰大学教务长，兼体育部主任；次年任中华全国体育协进会名誉主任干事，后任总干事。民国十八年（1929 年）沈嗣良任圣约翰大学副校长，被推为丁卯学社主任；抗战期间任圣约翰大学校长（1941-1945 年），与校务长负责校务。沈嗣良除了在教会大学教育上留下重要的影响，对中国体育运动贡献尤为突出。民国十四年（1925 年），沈嗣良率中国体育代表团参加在菲律宾举行的第七届远东运动会。沈嗣良与三一书院校友王正廷、张伯苓（1876-1951 年）等人筹办在上海举行的第八届远东运动会。沈嗣良带领短跑名将刘长春（1909-1983 年）参加于美国洛杉矶

40　以利沙：《中华圣公会第一位华人主教沈载琛》，刊于《天风》2015 年第 10 期，第 56 页。

41　圣约翰大学的前身为圣约翰书院。有关教会大学圣约翰大学的历史，笔者在后续的著作中详细介绍。

42　《沈嗣信》，刊于"同城百科"网站：https: //www.beichengjiu.com/historys/187410.html，发布日期：2020-06-14 17: 35: 04，引用日期：2021 年元月 18 日。

43　《沈嗣仁》，刊于"同城百科"网站：https: //www.beichengjiu.com/medicalscience/172172.html，发布日期：2019-01-11 14: 17: 43，引用日期：2021 年元月 18 日。

44　湖南省志编纂委员会编：《湖南省志第二十一卷：医药卫生志》，长沙：湖南人民出版社，1988 年 11 月第 1 版，第 496 页。

举办的第十届奥运会[45]。刘长春被誉为"中国奥运第一人"。[46]民国二十五年（1936 年）。沈嗣良与校友王正廷率中国体育代表团参加在柏林举行的第十一届奥运会。抗战胜利后，沈嗣良辞去校长职，去美定居，后在美逝世。[47]

沈嗣良编《第十届世界运动会》一书的扉页[48]

---

45 沈嗣良编：《第十届世界运动会》（*Tenth World Olimpiad*），上海：勤奋书局，1932 年 10 月。

46 参见北京紫禁城影业公司主编：《一个人的奥林匹克》，北京：北京出版社，2008 年 5 月第 1 版。

47 周川主编：《中国近现代高等教育人物辞典》，福州：福建教育出版社，2012 年 1 月第 1 版，第 310 页。

48 沈嗣良编：《第十届世界运动会》（*Tenth World Olimpiad*），同上。

三一书院的校友外交家、体育活动家王正廷生于宁波府奉化县，自幼接受基督教的洗礼。光绪十五年（1889年），王正廷入读三一书院小学部，10岁时入上海中英学校学习英文。光绪三十三年（1907年），王正廷，由孙中山（1866-1925年）主持入会仪式，在东京加入同盟会；同年秋，在教会资助下赴美留学，先在密歇根大学学习，后转入耶鲁大学继续学习法律。1910年（宣统二年）毕业后，王正廷入耶鲁大学研究院学习，专攻国际公法。宣统三年（1911年）王正廷归国，之后除积极参加政治活动之外，出任中华基督教青年会全国协会总干事。民国十一年（1922年），

亚林辟克（即"奥林匹克"）世界运动会会员王正廷博士像[49]

王正廷当选为国际奥林匹克委员会委员。他是中华民国第一位、远东第二位国际奥林匹克委员会委员，被誉为"中国奥运会之父"。[50]

光绪二十四年（1898年），行教会改派霍约瑟为香港会督，三一书院由慕华德主院。英格兰圣公会派沈载琛为教务长，兼任宁波牧区教务。霍约瑟自光绪二年（1876）至光绪二十四年（1898）调任香港会督为止，前后在宁波参与三一书院的创建和发展工作达22年之久，先后两度建新校舍，两度迁校址，办学规模已涵盖"备馆"即中学部、"正馆"即大学部、"神道院"即神学院；卸职之后，担任香港维多利亚教区主教、圣保罗书院校长。[51]霍约瑟长校三一书院期间，专研中国典籍，在三一书院附设的印书局出版《中国经典中

49 沈嗣良编：《第十届世界运动会》（*Tenth World Olimpiad*），同上，正文前第2页插图。

50 曾业英、黄道炫、金以林等：《中华民国史》，第7卷，中国社会科学院近代史研究所中华民国史研究室编，北京：中华书局，2011年7月第1版，第17-23页；毛庆根：《中国奥运之父：王正廷传》，杭州：浙江大学出版社，2012年4月第1版。

51 周东旭：《鼓楼钟声：宁波老城的生命印记》，宁波：宁波出版社，2017年10月第1版，第199-120页光。光绪三十二年（1906年）9月18日，霍约瑟与4位神学生在乘船前往香港屯门布道途中遇台风即"丙午风灾"，师生5人罹难。

的神与人：儒家神学简论》(*God and Man in the Chinese Classics: A Short History of Confucian Theology*)（1895 年）。

　　行教会教育传教士慕华德是行教会华中教区副会督慕雅德之子，生于宁波，从剑桥大学获文科硕士学位。慕华德于 1888 年（光绪十四年）学成后偕妻慕安妮（Agnes Lucy Wright Moule）返华布道兴学，出任宁波三一书院副监院即副校长；霍约瑟离职后接任监院。慕华德长校期间，三一书院得到进一步发展。光绪二十九年（1903 年），三一书院在备馆、正馆、神道院之外又设学道院，专为教友进修神道服务，后开办师范班。[52]光绪三十二年（1906 年）霍约瑟不幸遭遇海难。慕华德特别筹建"思霍堂"以表纪念书院元勋之情。[53]

　　宁波的三一书院颇具特色，不仅建有一座藏书楼即图书馆[54]，储藏中外各种书籍，尤为特殊的一点是附设的印书局由英格兰圣公会出资建立，以官话和罗马拼音字出版一批书籍。其中主要的出版物有《公祷书》、圣经注释、赞美诗、教会史和各门教科书等，另印刷试题、讲义及各种文籍。以光绪十五年（1889 年）为例，印书局出版英国数学家托德亨特（Isaac Todhunter，1820-1884 年）所著的《代数》，以及 2 本历史读本、神学书等。三一书院印书局共有员工和学徒 18 名，第一年提供免费食宿，第二年每月 1 美元并逐年增加 3 美元，学徒可选择去留，其中有人去上海从事印刷业。[55]三一书院还设有哥伯播义奖学金。光绪二十九年（1903 年），哥伯播义夫人捐赠 100 英镑给行教会，嘱咐存于银行，每年利息用于奖励前 2 名优秀毕业生。[56]

　　三一书院的生源主要来自于行教会在各地建立的小学堂。至光绪三十二年（1906 年），行教会在各地总计开设有 27 处小学堂，其中 9 所属于宁波、7 所属于台州、5 所属于诸暨，杭州与上江共 4 所，上海与绍兴各 1 所。至光绪三十二年（1906）年，其中的毕业生升入三一书院备馆的共 307 人，其中宁波 183 人、台州 45 人、诸暨 37 人、杭州 23 人、绍兴 13 人、上海 5 人、北京 1 人。[57]

52 谷雪梅、李珂杨：《近代宁波三一书院述评》，同上，第 40 页。
53 丁光：《伯明翰大学收藏的慕氏家族档案》，同上，第 46 页。
54 参见邓大鹏主编：《宁波图书馆志》，宁波图书馆志编纂委员会编，宁波：宁波出版社，1997 年 9 月第 1 版，第 113 页。
55 谷雪梅、李珂杨：《近代宁波三一书院述评》，同上，第 41 页。
56 丁光：《伯明翰大学收藏的慕氏家族档案》，同上，第 46 页。
57 谷雪梅、李珂杨：《近代宁波三一书院述评》，同上，第 40 页。

　　三一书院将英国公学内流行的体育教育引入中国，由此成为宁波体育事业发祥地之一。三一书院是宁波最早设置完备体育课程的学校。学校每周开设两节体育课，规定学生每周两天下午参加体育锻炼，主要项目包括板球、网球、长跑等，周末组织学生参加护城河游泳。三一书院为推进体育运动，建有 2 个沥青网球场和一片运动场，购置运动器材，其中包括网球拍等。学生对体育运动的兴趣与日俱增。为检验体育教育之成效，三一书院组织学生与在华英人进行板球比赛。[58]中国奥运之父王正廷，光绪十四年（1888）年入三一书院就读，三一书院浓厚的现代体育教育对其一生产生出深远影响。

　　三一书院鼓励学生积极参加社会服务工作，注重培训学生的职业技能，与宁波社会之间的联系紧密。学生在校期间可选择学习农业或工业生产技能。三一书院开设印刷工人培训课程。印书局为学生提供职业技能训练和实习的场所。除日常学习之外，三一书院创办学生组织"辩论社"和"信息班"（general information class）。这两个学生组织在开展活动时，学生对任何话题可自由发问，霍约瑟答疑，所有有兴趣的同学都可参加。三一书院还组织学生建立基督教青年会等组织，重视培养学生的实际工作能力。[59]

　　光绪三十二年（1906 年），慕华德编辑的《三一书院廿五年纪》出版，简要总结三一书院的办学宗旨："大英行教会为培植人才以其他年为教会馆师助士特立书院于浙江宁波，名之曰三一书院。""溯夫行教会所以设本书院者，专尚神道简廉之法启迪中华教友子弟，俾将来任教会牧师、助士、馆师之职，以增益夫教会。"[60]光绪三十三年（1907 年）第 1 期《画图新报》对此作了简要报道：

　　　三一书院二十五年纪念

　　　　宁波之三一书院，乃英国安立甘行教会所立，今年已逾二十五周年，由监院华德君，刊成纪念志一册，一记书院创始，二记校舍，三记章程，四记课程，五记毕诸生，六记授课时刻（读国文，礼拜，解圣经，弹琴，教授经书、地舆、书法、历史学、体操，抛球，洗浴，查圣经，而青年会、神道院亦附焉），七附记初等小学堂，印书所，九记经费，十总结。附刊毕业生姓名表，附刊戈柏赏奖，附刊

58 谷雪梅、李珂杨：《近代宁波三一书院述评》，同上，第 41 页。
59 谷雪梅、李珂杨：《近代宁波三一书院述评》，同上，第 41 页。
60 董绍德主编：《鄞县教育志》，北京：海洋出版社，1993 年 12 月第 1 版，第 127 页。

第一监院霍死事，以志追悼。全志六十五面，插图七幅，出版后，宁波人读之，既佩服三一不尚英文，专究道德，又以志中语语真诚，毫无溢美。[61]

第三节　木铎扬声：1916 年之后的三一书院

私立三一中学校（1916-1927 年；1928-1930 年）

私立三一初级中学（1930-1932 年）

鄞县私立三一初级中学（1932-1949）

宁波市私立第三中学（1949-1952 年）

宁波市市第三中学（1952 年-）

　　20 世纪初，宁波周边的杭州与上海逐步崛起为现代高等教育的中心，宁波的高等教育地位显著下降。民国五年（1916 年）[62]，三一书院改为私立三一中学校，监院改称校长，慕华德继续长校。民国八年（1919 年），慕华德辞校长职，[63]由鄞县人徐家恩继任，由此开始由华人担任校长的校史。[64]办学方式随之发生巨大改变，学生由原来专收教内子弟变为兼录教外生，教职员由原专聘教友而改为兼聘教外人才，课程由原来自定而改从国民政府教育部规定。民国十六年（1927 年），北伐军占领宁波，学校受时局影响而暂行停办。次年学校复课。与此同时，英格兰圣公会将学校移交中华圣公会浙江教区接办。民国十八年（1929 年）私立三一中学校组织校董会，呈准浙江省教育厅备案。民国十九年（1930 年）8 月，学校改名为私立三一初级中学，是年有学生 90 人，教职员 21 人。民国二十一年（1932 年）仁德女子中学并入后，三一中学分设男女两部，改校名为鄞县私立三一初级中学，并附设三一小学，

---

61 转引自龚缨晏执行主编：《近现代报刊上的宁波》，下，同上，第 450 页。

62 也有资料记述为民国元年（1912 年），参见《三一中学（仁德女校）（1868-1952 年）》，收录于宁波市教育委员会编：《宁波市校史集》，内部资料，1989 年 9 月，第 231-232 页。

63 民国三年（1914 年）前后，慕华德出任浙江教区副会督。民国八年（1919 年），慕华德辞宁波三一中学校校长职；民国十四年（1925 年）携家人回英国，后在英去世。慕华德撰译有《希伯来书释义》等十几本中文书籍，曾参与宁波方言罗马字《旧约全书》最后的校阅串珠工作，著有《敬圣子的供品》（*The Offerings Made as Unto the Son of God*，1915 年）等书。

64 谷雪梅、李珂杨：《近代宁波三一书院述评》，同上，第 42 页。

呈准浙江省教育厅立案。是年，学生增至 124 人，教职员有 23 人。[65]

三一中学继续开展神学教育，设神道科，由杭、宁、绍、台四牧区之正式卒业于三一中学校且"曾派任小学教职员五年者，得报名神学，复由西议会择成绩优美、道德高尚、资格精炼、立志坚决者，选为神学生。其宗旨专务神道，限二载毕业，给予证书，乃由西议会派往四乡传道。故现任牧师或传道之职者，皆由神学毕业者也。"[66]该科初以春季始业，自民国十五年（1926年）改为秋季始业，往年所收神学生 4 人满二载于暑期毕业，选取新生 5 人，以补其缺。[67]

民国二十六年（1937 年）芦沟桥变起，鄞县遭日机轰炸。为策安全，学校一度暂避至鄞县西乡密岩授课，不久迁回城中。民国三十七年（1938 年），学校设分部于浦江沈家，旋即把分部移到诸暨县藏绿坞（又称十四都）。校本部改名为"三一圣经学院"。藏绿坞文化教育发达，学校借用原凤翔学校校舍办学。民国三十年（1941 年）鄞县城沦陷，校本部解散，归入分部，从此分部变为总校。4 月诸暨沦陷。民国三十二年（1943 年），学校迁到浦江县马剑镇（今属诸暨）。此处的戴氏宗祠规模大，借充校舍。同时，学校呈准浙江省教育厅添办高中，开设高中部和初中部。民国三十四年（1945 年）抗战胜利后，学校奉令回鄞县复课。

民国三十年（1941 年）县城区沦陷之初，碍于"三一圣经学院"具有英国教会背景，日军未敢侵犯。太平洋战争爆发后，日方将广仁街的三一中学校舍、双池巷的仁德女中及孝闻坊的三一小学、仁泽医院全部封闭。民国三十一年（1942 年）4 月，该校为敌伪所侵占，达 4 年之久。汪伪鄞县县政府请求日方改办男女中学各一所。日本投降后，校舍又被鄞县县立临时联合中学接收。三一中学原"面公园，临甬水，场地宽广，校舍整齐，创办迄今，垂八十年，声誉素著，实宁波教会学校中之完美者也。"[68]待民国三十四年（1945 年）冬"接收之时，房屋倾圮，廊台倒斜，墙垣断残，门窗破碎，图书则散佚殆尽，仪器则荡然无存，损失之大，难以数计。"[69]

---

65 参见《三一中学（仁德女校）（1868-1952 年）》，同上，第 232-233 页。

66 不才：《三一神学之所闻》，同上，第 629 页。

67 不才：《三一神学之所闻》，同上。

68 《宁波三一中学复校后之新气象》，原刊于《圣公会报》，1947 年第 8 期，转引自龚缨晏执行主编：《近现代报刊上的宁波》（下），同上，第 476 页。

69 《宁波三一中学复校后之新气象》，同上。

民国三十五年（1946年）春，校董会决定全面复校，将广仁街44号旧校址用作高中部，将双池巷19号的忠楼（前仁德女中旧址）与仁德小学校址接通，用作初中部，将爱楼（即前仁泽医院旧址）用作小学部，定名三一小学，仁德小学旧有学生并入其中。三一中学"购置仪器药品，及图书杂志，并新建新浴室一间，厨房三间，辟足球场二，篮球场五，排球场二，网球场一，从此设备渐见完美矣。至教务、训育、宗教、教育各部门，在富有学识、经验之各主任指导之下，逐渐改进，以臻完善。"[71]"训导方面，除依照原定之训导标准实施外，更注重于勤学、礼节、纯朴、自治四项之重点训练，并实施健康教育，俾学生身心均臻健全。宗教教育方面除设宗教科、早晚礼拜、主日礼拜、查经会外，尤注重于学生自由活动，爱组织学生团契，

本校高中部校舍平面图

民国三十五年（1946年）位于广仁街44号三一中学高中部即原三一中学校舍平面图[70]

分股办事，收效甚宏。所聘教职员五十五人，学生总数九百六十五人，高中秋始毕业者计四十五名，初中秋始毕业者计六十八名，附小学生五百四十人，高级毕业者计四十八名，初级毕业者计六十八名，其毕业生人数之多，亦已打破历年纪录矣。"[72]至民国三十六年（1947年），三一中学在战后重建为甬校之冠。

1949年解放后，学校易名为宁波市私立三一中学。1952年，私立三一中学改称"宁波市第三中学"，由私立改制为公立，并延续至今。[73]宁波第三中

70　取自《三一校刊》第二期，民国三十六年（1947年）1月。

71　《宁波三一中学复校后之新气象》，同上。

72　《宁波三一中学复校后之新气象》，同上，第477页。

73　校办：《浙江省宁波市第三中学简介》，刊于"宁波市第三中学"官方网站：http://www.nbsz.com/Profile.aspx?CategoryId=159&ContentId=6772，发布日期：2012/10/0 15：24：42，引用日期：2021年元月18日。

学，学校校史有三个世纪、三个时期（晚清、民国与中华人民共和国）、七易校名、九迁校址、三变性质之说。七易校名包括：私塾、三一书院、私立三一中学校、私立三一初级中学、鄞县私立三一初级中学、宁波市私立三一中学、宁波市第三中学。九迁校址指的是：城区贯桥头、孝闻坊、广仁街、浦江沈家、诸暨十四都、浦江马剑、广仁街和双池巷、江东区姚隘路、江东区惊驾路585号。三变性质包括：私立教会大学、私立教会中学、公立中学[74]。宁波市第三中学后迁出广仁街46号，现址为江东区惊驾路585号，原广仁街校址为宁波市第八中学及后合并入的李兴贵中学初三部所用。

宁波市第八中学（1948-2008年）
李兴贵中学（1987年-）

　　宁波市第八中学创建于民国三十七年（1948年）。宁波市第八中学在历史上曾五易其名：鄞县私立崇实商业职业学校、宁波私立崇实商校、宁波私立崇实中学、宁波市第二初级中学、宁波第八中学；三迁其址：云石街、孝闻街，现址为广仁街46号。[75]宁波八中于2008年与1987年兴建的李兴贵中学合并，如今为李兴贵中学初三部。原李兴贵中学地址永丰西路201号，现为李兴贵中学初一、初二部。[76]

三一神道院（1883-1931；1947-1952年）

　　民国二十年（1931）年7月，三一神道院合并于中华圣公会南京中央神学院；后于民国三十六年（1947年）2月复办，学制4年。1951年5月，三一神道院有学员15人，隶属中华圣公会浙江教区管辖。浙江教区牧师大多毕业于该校，院址设于孝闻街174号。1952年，三一神道院并入南京金陵协和神学院。[77]

义塾（1868-1878年）

---

74 《三一中学（仁德女校）（1868-1952年）》，同上，第233页。

75 《宁波市第八中学（1948.9-1988.12）》，收录于宁波市教育委员会编：《宁波市校史集》，同上，第97-99页。

76 参见《宁波市李兴贵中学》，刊于"浙江政务服务网"网站：http：//nbhs.zjzwfw.gov.cn/art/2014/6/4/art_11522_55568.html，引用日期：2021年元月18日。另外参见陈煜信：《李兴贵中学创办侧记》，收录于王永杰主编：《宁波文史资料第19辑：情满桑梓》，宁波市暨各县（市区）政协文资料委员会合编，内部资料，1997年，第48-50页。

77 参见《三一神道院（1883-1952）》，收录于宁波市教育委员会编：《宁波市校史集》，同上，第242页。

三一书院附属小学（1878-1916 年）

三一中学附属小学（1916-1927 年；1928-1935 年）

私立鄞县三一小学（1935-1941 年；1946-1952 年）

孝闻街小学（1952-2010 年）

海曙中心小学（1984 年-）

由同治七年（1868 年）创办的义塾升格而成的三一书院附设有小学（1878-1916 年）。民国五年（1916 年），三一书院改为三一中学，原三一书院附属小学随之改为三一中学附属小学。民国十六年（1927）8 月，北伐军占领宁波后，学校停办；次年学校移交浙江中华圣公会管理后复校。民国二十四年（1935 年），三一小学独立办学，向鄞县政府注册，称"鄞县私立三一小学"。民国三十年（1941 年）鄞县城沦陷后，因有英国教会关系，日寇未敢没收，毓德小学并入，仍名三一小学，以孝闻街 48 号仁泽医院之故址为校舍。民国三十年（1941 年）底太平洋战争爆发后，学校停办；抗战胜利后于民国三十五年（1946 年）2 月复校。1951 年，三一小学由宁波军管会接管。1952 年，私立鄞县三一小学由私立转为公立，校名易为"孝闻街小学"。[78]1975 年，北郊路小学并入孝闻街小学；1998 年，庄家巷小学、穆家巷小学并入孝闻街小学。[79]2010 年，孝闻街小学并入海曙中心小学（1984 年-），位于宁波市海曙区孝闻街 8 号。宁波市海曙区海曙中心小学，又名吴剑鸣外国语学校，起源于同治九年（1870 年）的星荫义塾，光绪三十二年（1906 年）改建成初级国民小学堂，1959 年改为宁波市海曙中心小学，1984 年 8 月更为现名"宁波市海曙区海曙中心小学"。[80]

第四节　甬江余韵：三一书院遗存录

三一书院从私塾到书院的办学过程中前后有三处办学地址：贯桥，孝闻坊，广仁街。贯桥私塾旧址，位于现今的解放路立交桥旁，已经不复存在。孝闻坊现改为孝闻街，孝闻街三一书院旧址现为宁波市海曙区海曙中心小学校址；广仁街三一书院旧址现以"'三一'教会学校旧址"之名保存至今。

---

78 宁波市教育委员会编：《宁波市校史集》，同上，第 236 页。

79 《孝闻街小学（1868-1987）》，收录于宁波市教育委员会编著：《宁波市校史集》，同上，第 136-137 页。

80 《宁波市海曙区海曙中心小学》，收录于《宁波词典》编委会：《宁波词典》，上海：复旦大学出版社，1992 年 12 月第 1 版，第 251 页。

一、三一教会学校旧址

三一教会学校旧址位于宁波市海曙区广仁街 46 号,现为李兴贵中学初三部所在地。现保留的 4 栋楼房原为教学楼,建于民国元年（1912 年）,主体建筑坐北朝南,由前后两进楼房及东偏楼组成,总占地面积 847.61 平方米。前后两进楼房,东西相错,南北相隔约为 5 米。前进楼房长 10 米,通宽 12.8 米,四坡屋顶,上覆青瓦,屋顶上置两只人字型帽盖状铁皮烟囱,墙面红色砖雕,方格线条等份,上下两层。大门设在西墙中间,墙体四周开窗,窗楣多拱券状,五个层柱支托整个建筑。二楼阳台设木扶栏。后楼四开间,长 8.2 米,通宽 144 米,二层不设阳台,前楼东侧为偏楼,偏楼朝西五开间,长 82 米,通宽 17.5 米。建置大体如主建筑,二层不设阳台,西北角有古井一口。[81]2005年 4 月 9 日,"三一"教会学校旧址被公布为宁波市第四批市级文物保护点,序号 44[82]。"三一"教会学校旧址现已成为宁波市秀水街历史文化街区的一部分,正得到进一步的开发与保护。

"三一"教会学校旧址[83]

二、三一书院女传教士人体骨架

三一书院任教的一位女传教士去世后,英格兰圣公会遵嘱,将她的骨架

---

81 周东旭:《鼓楼钟声:宁波老城的生命印记》,同上,第 202 页。

82 宁波市文化广电新闻出版局宁波文化年鉴编委会编著:《宁波文化年鉴 2006》,内部资料,2006 年,第 350 页。

83 周东旭:《鼓楼钟声:宁波老城的生命印记》,同上,第 202 页。

保存，作为教具使用。女教师的具体信息至今不详。三一书院英国女传教士的人体骨架高 157 厘米，净重 6 千克。该骨架现收藏于宁波教育博物馆。该馆位于宁波市海曙区和义路 106 号。[84]

晚清真人骨架教具，现保存在宁波教育博物馆。[85]

附录：三一书院监院名录

霍约瑟：1878-1898 年

慕华德：1898-1916 年

---

84 章萍：《宁波有一具百年真人骨架 女传教士捐遗体当教具》，刊于网站：https://zj.qq.com/a/20160621/007580.htm，发布日期：2016-06-21 07: 29，引用日期：2021年元月 18 日。

85 图片取自以上网站。

第二章　淡水河畔的牛津学堂：
理学堂大书院

理学堂大书院

Oxford College

1882-1901 年

台湾省新北市淡水区文化里真理街 32 号

第一节　加拿大长老会：偕叡理、牛津与福尔摩沙

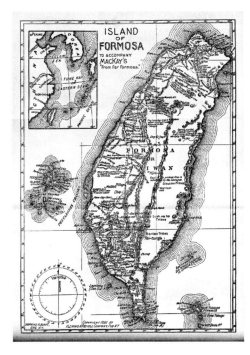

福尔摩沙岛（Island of Formosa）地图，1895 年。[1]

---

1 [加]偕叡理（George Leslie Mackay）：《遥寄福尔摩沙：宝岛、百姓与传教》（*From Far Formosa*：*The Island*，*its People and Missions*），New York，Chicago，Toronto：Fleming H. Revell Company，1895 年 1 月，第 40 页。该地图收录于 Reed 网站：https：//www.reed.edu/formosa/Gallery/map_pages/Island_Maps/Mackay_B.html，引用日期：2021 年 2 月 23 日。

中国宝岛台湾省曾经有一个洋气的名字"福尔摩沙"（Formosa）。1554
年（明世宗嘉靖三十三年），"福尔摩沙"之岛首先出现在葡萄牙制图家罗伯·
欧蒙（Lopo Homem，?-1565年）所绘制的世界地图上。[2]1590年（明神宗万
历十八年），荷兰航海家林斯柯顿（Jan Huyghen van Linschoten，1563-1611年）
乘坐葡萄牙人的航船沿台湾岛西海岸航行。沿海岛上优美的平原风景给他留
下深刻的印象。随后他在地图上将此岛标记为 Ilha Formosa，即"美丽岛"
（Beautiful Island）。后西方世界开始以此葡萄牙名称呼台湾。[3]

在台湾基督教史上，新教的长老会有台南、台北之分。同治四年（1865
年），马雅各（James Laidlaw Maxwell，1836-1921年）[4]等6位传教士受英国
长老会海外传教会派遣，自厦门出发登陆打狗即今台湾高雄（Kaohsiung），在
台南（Tainan）府城租屋行医，正式开启在台传教工作。[5]同治十一年（1872
年），源于苏格兰长老会的加拿大长老教会（Canadian Presbyterian Church）差
派偕叡理（George Leslie Mackay，1844-1901年）即马偕登陆福尔摩沙的上陆
沪尾港即今淡水（Tamsui），在传教、教育以及医疗等三个领域开展拓荒工作，
成为加拿大长老会第一位入华传教士。此后，大体上以大甲溪为界，溪北为
加拿大长老会传教区，溪南为英国长老会传教区。南北长老会在成长过程中
逐渐脱离海外母会而自立。[6]

加拿大长老会源自于英国的苏格兰长老会。16世纪英国宗教改革后，英
格兰以圣公会为国教，苏格兰以信奉加尔文主义的长老会为国教。19世纪初，
现今的加拿大为大英帝国的殖民地。1843年（道光二十三年），400多位苏格
兰长老会牧师脱离苏格兰国教会即苏格兰长老会而自立"苏格兰自由教会"
（Scotland Free Church）。此次大分裂事件穿过大西洋波及到北美的加拿大。

---

2 《中国海洋文化》编委会编：《中国海洋文化：台湾卷》，北京：海洋出版社，2016
年7月第1版，第33页。

3 [加]高达特（W. G. Goddard）：《中国历史研究：福尔摩沙》（*Formosa: A Study in
Chinese History*），London, Toronto: Palgrave Macmillan，1966年，"导言"，第 xvii
页。

4 马雅各生于英国苏格兰，担任医师、长老会传教士，于19世纪后期到台湾南部传
教及行医，是英国长老会第一位驻台医学传教士，与偕叡理齐名。他在台南创设
台湾省首座西式医院"新楼医院"。

5 林金水主编：《台湾基督教史》，北京：九州出版社，2003年7月第1版，第114-
115页。

6 林国平主编：《当代台湾宗教信仰与政治关系》，福州：福建人民出版社，2006年
6月第1版，第274页。

加拿大原属苏格兰国教会的部分教会加入加拿大的"自由长老会"。1861 年（咸丰十一年），加拿大的自由长老会改名为"加拿大长老教会"。1875 年（光绪元年）该会和另外三个长老会合并为加拿大长老会（Presbyterian Church in Canada）。因此，严格来说，在 1872 年（同治十一年）来台时，偕叡理是加拿大长老教会第一位入华传教士。[7]

马偕像[8]

偕叡理创办理学堂大书院（Oxford College）。偕叡理，又称"偕睿理"、"马睿理"，也常被称为 Mackay 的音译"马偕"以及"偕牧师"、"马偕牧师"、"偕博士"、"马偕博士"。本书下文以最常用的称呼"马偕"称之。当时的台湾俗众因他蓄有长须，给他另起颇带贬义的绰号"黑须番"（the blackbearded barbarian）。[9]理学堂大书院即今日真理大学的源头最初由这位黑须番创立。

马偕家族原居住在英国苏格兰高地（Highlands of Scotland）的萨瑟兰郡（Sutherlandshire），属于佃农。英国工业革命引发圈地运动，进一步导致苏格兰高地爆发"萨瑟兰郡清洗运动"（Sutherlandshire Clearances）。马偕家族陆续逃至加拿大。马偕父母于 1830 年

7　林昌华：《18 世纪"苏格兰启蒙运动"对来台宣教师的影响——以马偕为例》，发表于 2009 年台湾政治大学青年学者会议，后收入于若林政丈、松永正义、薛化元等主编：《跨域青年学者台湾史研究续集》，台北：国立政治大学台湾史研究所，2013 年 8 月第 1 版。本文转引自林金水主编：《台湾基督教史》，同上，第 147 页。

8　[加]马罗伯（Robert Peter Mackay）：《道学博士马偕传（1844-1901 年）》（*Life of George Leslie Mackay，D.D.1844-1901*），Toronto：Board of Foreign Missions of Presbyterian Church in Canada，Missions Publisher， 1913 年，全书扉页插图。

9　《马偕》（George Leslie Mackay），刊于"加拿大百科全书"（The Canadian Encyclopedia）官方网站：https://www.thecanadianencyclopedia.ca/en/article/george-leslie-mackay，引用日期：2021 年 2 月 22 日。

（道光十年）移居加拿大。马偕生于加拿大的安大略（Ontario）省牛津郡（Oxford County）佐拉村（Zorra Township），有3个哥哥、2个姐姐，排行老幺。马偕父亲马乔治（George MacKay，1799-1885年）曾是佐拉村长老会"老木造教会"（Old Log Church）长老。母亲名为马海伦（Helen Sutherland MacKay，1801-1885年）。"老木造教会"由苏格兰高地移民于1832年（道光十二年）建立。首任牧师是来自苏格兰的马坚志（Donald Mckenzie，1798-1884年）。其神学源自严格又古老的加尔文主义长老会（Calvinist Presbyterianism）。马偕出生之年，正处于加拿大长老会出现大分裂时期。马坚志成为佐拉村的教育长（Superintendent of Education），鼓励村民考教师执照，在乡村任教，薪津由政府支出。马坚志总共引导38名青年走上传教之路，其中包括赴台的马偕。[10]

1850年（道光三十年），马偕结束在"老木造学塾"（the old log schoolhouse）的学前教育，入读胡士托（又译"乌斯督克"）小学（Woodstock Grammar School）[11]；1855年（咸丰五年）小学毕业后入多伦多师范学校，3年后毕业；自1859年（咸丰九年），担任梅普尔伍德（Maplewood）小学及梅特兰（Maitland）小学教员。1866年（同治五年）秋，马偕入多伦多的诺克斯学院（Knox College，Toronto）深造，研读神学课程即相当于多伦多大学（Toronto University）的3年课程；次年9月，转入倡导加尔文主义的美国新泽西州普林斯顿神学院（Princeton Theological Seminary），1870年（同治九年）4月26日从普林斯顿神学院毕业后回加拿大。1870年（同治九年）8月，马偕受派在多伦多新市场（New Market）教会从事教牧工作，9月19日向加拿大长老会海外传教会（Foreign Missions Committee of the Presbyterian Church in Canada）提出申请，从事海外传教士工作。已成立数年的加拿大长老会海外传教会当时处于筹备阶段，未即刻批准申请。马偕于同年11月前往爱丁堡大学神学院深造，受教于著名传教士、被誉为"印度使徒"（apostle to India）的都福（Alexander Duff，1806-1878年）博士以及

---

10 刘智豪：《文化承袭与创新——以台湾真理大学"马偕与牛津学堂"数字典藏初探》，收录于陶飞亚、杨卫华编：《宗教与历史第七辑：汉语文献与中国基督教研究》（下册），上海：上海大学出版社，2016年1月第1版，第158页。"马偕与牛津学堂"数字典藏网站：http：//www.au.edu.tw/mackay/。

11 [加]马罗伯（Robert Peter Mackay）：《道学博士马偕传（1844-1901年）》（*Life of George Leslie Mackay*，*D.D.1844-1901*），同上，第4页。

其他教授门下，学习福音神学（Evangelistic Theology）、婆罗门教和佛教。1871 年（同治十年），加拿大长老会海外传教会议决派遣他至中国传教，旋即马偕返回加拿大，9 月 19 日由加拿大长老会总会（General Assembly）委托多伦多中会于多伦多德街教会（Gauld Street Church）按立为牧师。同时，马偕接受加拿大长老会海外传教会的任命。[12]

　　1871 年（同治十年）10 月 19 日，马偕辞别故乡从胡士托乘火车前往旧金山，11 月 1 日由旧金山搭船横越太平洋，经日本前往香港。马偕在船上认识几位在中国工作的传教士，其中一位美国长老会派驻上海美华书店的传教士送马偕一份汉字部首表。同治十年（1871 年）12 月 5 日，马偕到达香港。隔日，马偕在两位英国长老会代表陪同下，搭乘汽船溯河进入广东的英国长老会传教地。马偕决定至台湾的淡水传教。同年 12 月 29 日，马偕抵达台湾打狗（Ta-kow）。次年元旦，马偕由打狗至阿里港今屏东县里港乡，拜会英国长老会牧师李庥（Hugh Ritchie, 1840-1879 年）；3 月 7 日，李庥与医学传教士德马太（Matthew Dickson）[13]陪马偕由打狗搭乘"海龙号"轮船前往台湾北部。[14]

12　《马偕》（George Leslie Mackay），刊于"加拿大人物传记词典"（Dictionary of Canadian Biography/Dictionnaire biographique du Canada ， DCB/DBC）官方网站：http: //www.biographi.ca/en/bio/mackay_george_leslie_13E.html，引用日期：2021 年 2 月 22 日；另外参见林金水主编：《台湾基督教史》，同上，第148-149 页。

13　德马太是英国长老会驻台第二位医学传教士，同治十年（1871 年）2 月 10 日抵台，光绪三年（1878 年）1 月 8 日离职返英，在台共 7 年。德马太受派驻台南府城医馆，襄助马雅各医生，同治十年（1871 年）马雅各离台后，负责馆务。参见万荣华（又译"班华德"，Edward Band）：《英国长老会差会在华百年传教史，1847-1947 年》（Working His Purpose Out：The History of the English Presbyterian Mission，1847-1947），Presbyterian Church of England，1947 年 1 月第 1 版，第 85 页。参见"赖永祥长老史料库"（Elder John Lai's Archives）网站：http: //www.laijohn.com/ archives/pm/Dickson, M/brief/TNcoucil.htm，引用日期：2021 年 2 月 23 日。

14　参见林金水主编：《台湾基督教史》，同上，第 151 页。

马偕与两个门生给台湾当地人拔牙，左起照片人物：马偕，严清华（A Hoa），柯玖（柯维思，Koa Kau）。[15]

马不停蹄的马偕于同治十一年（1872 年）3 月 9 日在沪尾淡水河口登岸。此日成为台湾省长老会北部教会开教纪念日。4 月 14 日礼拜天，马偕开设北台湾第一所教会——淡水教会。此后淡水教会将此日订为设教纪念日。马偕的第一个门徒严清华（Giam Chheng-hoa，加拿大人称之为"阿华"，A Hoa，1852-1909 年）于 4 月 25 日以学生身份晋见马偕。北部长老会将 4 月 25 日视作马偕在台湾北部正式实施教育特别是神学教育的第一日。6 月 1 日，马偕在其所租寓所开设诊疗，尤以牙科闻名于当地，并以"圣经＋镊子"方式传教，30 年中总计拔掉 2.2 万颗牙齿。[16]同治十一年（1873 年）1 月 9 日，马偕主持首批 5 名信徒的洗礼，其中包括严清华、吴宽裕（又称"吴益裕"，1843-1920 年）、林孽（又名"林辉成"，1847-1896 年）；1 月 16 日举行第一次圣餐。第一个信徒严清华后成为第一个本地传道人、北部教会第一个本地牧师。淡水教会开设之后，1873 年（同治十二年）3 月 2 日，五股坑（Go-Ko-Khi）教堂落成，为北台湾第一间礼拜堂。[17]马偕继而在新港杜、和尚洲今芦洲等地

15 [加]偕叡理（George Leslie Mackay）：《遥寄福尔摩沙：宝岛、百姓与传教》（*From Far Formosa: The Island, its People and Missions*），同上，第 314 页。

16 刘智豪：《文化承袭与创新一以台湾真理大学"马偕与牛津学堂"数字典藏初探》，同上，第 155 页。

17 赖永祥：《教会史话》第二辑，台南市：人光出版社，1992 年 9 月初版，1995 年 1 月增定版，第 220 页。

传教立会。马偕以淡水为传教中心向台湾北部以及东部地区扩展。[18]

光绪四年（1878 年）5 月 27 日，马偕娶五股坑（今新北市五股区）平埔族女子张聪明（原名"阿葱"，Tui Chang-mia，1860-1925 年）为妻，成为第一位娶台湾本地人的传教士。张聪明婚后人称马明妮（Minnie Mackay）。同年女儿偕玛连（Mary Ellen Mackay，1879-1959 年）出生于大龙峒。[19]

马偕全家福[20]

光绪五年（1880 年）元旦，马偕与夫人、长女返回加拿大述职；6 月到达安大略省；9 月 4 日，二女儿偕以利（Bella Catherine Mackay，1880-1970 年）出生。同年，马偕获加拿大金斯顿的皇后学院（Queen's College, Kingston，今皇后大学，Queen's University）授予荣誉道学博士学位（Honorary Doctor of Divinity）。马偕在第一次回国期间向故乡牛津郡乡亲发起在淡水建立神学院的募捐运动，准备筹建理学堂大书院。[21]

---

18 参见林金水主编：《台湾基督教史》，同上，第 153-159 页。
19 参见林金水主编：《台湾基督教史》，同上，第 163 页。
20 [加]偕叡理（George Leslie Mackay）：《遥寄福尔摩沙：宝岛、百姓与传教》（*From Far Formosa: The Island, its People and Missions*），同上，正文前插图。
21 刘智豪：《文化承袭与创新—以台湾真理大学"马偕与牛津学堂"数字典藏初探》，同上，第 155 页。

光绪七年（1881 年）10 月，马偕离别加拿大返台，12 月安抵淡水，展开他在台湾第二阶段的传教工作。光绪七年（1882 年）1 月 22 日，独子偕叡廉（George William Mackay，1882-1963 年）生于淡水。中法战争（又称清法战争，1883-1885 年）期间，教会遭暴徒破坏，7 座教堂被毁，数十名教徒遇难殉道。马偕于光绪十一年（1885 年）5 月 29 日入法军占领区巡视，途中晋见刘铭传（1836-1896 年）；9 月刘铭传以墨西哥银（佛银）一万两赔偿教会，用于重建 7 座教堂。7 座赔偿教堂位于鸡笼（今基隆）、和尚洲（今台北芦洲，1883 年建）、八里坌（今台北八里，1884 年建）、锡口（今台北松山）、艋舺（今台北万华，1889 年建）、大龙峒（今台北大稻埕，1885 年建）、新店（1884 年建）。[22] 光绪十七年（1891 年），马偕编著的《中西字典》（*Chinese Romanized Dictionary of Formosan Vernacular*）在上海美华书馆（Presbyterian Mission Press）印行。[23]

马偕率全家及门徒柯玖（又名"柯维思"，1867-1945 年）于光绪十九年（1893 年）8 月第二度返回加拿大述职；10 月回到故乡之后，马偕全家在加拿大生活近两年。在此期间，马偕被推选为总会议长，合作编著完成并付印《遥寄福尔摩沙：宝岛、百姓与传教》（*From Far Formosa*：*The Island，its People and Missions*）。[24]

---

[22] 台湾基督长老教会总会历史委员会编：《台湾基督长老教会百年史》，台北：台湾基督长老教会总会发行，1965 年 6 月第 1 版，第 82-85 页。

[23] 《中西字典》采用汉字加罗马拼音注音，注释简单，主要供识汉字之用。书名"福尔摩沙口语"，取材于接近泉腔的淡水口音，但用厦腔注音，反映作者维护闽南话标准语的目的。参见福建省炎黄文化研究会、漳州市政协编.：《论闽南文化：第三届闽南文化学术研讨会论文集》（上），厦门：鹭江出版社，2008 年 12 月第 1 版，第 436 页。

[24] 马偕在第二次携眷回加拿大述职期间（1893-1895 年），写下他在台湾 22 年多的传教回忆录，经好友麦唐纳（James Alexander MacDonald，1862-1923 年）编辑成书。中译本有三：1955 年林耀南译《台湾遥寄》；1960 年周学普译《台湾六记》；2007 年林晚生译《福尔摩沙纪事：马偕台湾回忆录》。《马偕日记》总计 12 本，自同治十年（1871 年）11 月 1 日至光绪二十七年（1901 年）2 月 10 日病情严重为止。其中缺少光绪九年（1883 年）日记。马偕去世后，日记手稿由偕叡廉保存。偕叡廉在世期间，将马偕日记手稿择要摘译为白话字，分订 3 册。陈宏文就读台湾神学院期间，撰写毕业论文《马偕博士的传教思想及方法》，将马偕日记摘译为中文，由台湾教会公报社出版（1972 年初版，1996 年人光版）。马偕日记手稿 12 本及其儿子偕叡廉白话字摘译本，现典藏于真理大学"马偕纪念资料馆"。马偕次女偕以利（Bella MacKay，1880-1970 年）日记，记载自光绪二十六年（1900 年）4 月父亲患感冒起，一直至去世、安葬后的光绪二十七年（1901 年）6 月 5 日为

马偕全家及门徒柯维思于光绪二十一（明治二十八年，1895 年）11 月抵达淡水港时，台湾已经进入日本占据时代（1895-1945 年）。甲午战争后签订的《马关条约》将台湾与澎湖割给日本。光绪二十一年（明治二十八年）至民国三十四年（昭和二十年，1895-1945 年），台湾被日本帝国主义殖民统治。这一时期又被称为"日据时代"或"日本殖民统治时期"。"台湾总督府"是日据时期的最高统治机关，其首长为"台湾总督"。台湾各地基督徒再度遭受迫害和损失。马偕见此情景，谒见乃木希典（1849-1912 年）总督，告诉他台湾教会受害情形；12 月 7 日，乃木希典到淡水拜访马偕。光绪二十五年（明治三十二年，1899 年）3 月 9 日，马偕的两位女儿同日出嫁，大女儿偕玛连嫁陈清义（1877-1942）牧师，二女儿偕以利嫁柯维思长老，都成为台湾媳妇。光绪二十七年（明治三十四年，1901 年）马偕在淡水辞世，葬于今私立淡江高级中学内。[25]马偕逝世后，他的独子偕叡廉在台湾承接马偕衣钵，投入传教与教育工作，创办淡江中学。[26]

马偕第一次回加拿大期间得加拿大乡亲资助后，于光绪六年（1880 年）在沪尾（今新北市淡水区）创建台湾北部第一所西医医院"偕医馆"（Mackay Mission Hospital, 1880-1901 年）。此即如今的马偕纪念医院（Mackay Memorial Hospital）[27]的前身。马偕纪念医院台北院区位于中山北路双连站旁。光绪八年（1882 年）7 月 26 日，马偕同样以故乡的资助创建理学堂大书院（Oxford

止，在时间上可与马偕日记手稿最后记录衔接。2012 年，《马偕日记》完整中文版首度出版，共 3 册，70 多万字。该年是马偕抵台 140 周年，真理大学于 6 月举办马偕学术研讨会。[加]偕叡理（George Leslie MacKay）：《马偕日记（1871-1901）》，王荣昌、王镜玲、何画瑰、林昌华、陈志荣、刘亚兰译，台北：玉山社，2012 年 3 月。另外有个人博客以此书名为名称："Far From Formosa |我心未可割离的台湾"，网址：https: //farfromformosa. com/2013/11/13/from-far-formosa/。

25 参见《认识马偕牧师》，刊于"淡水基督长老教会"网站：https: //www.mackay. org.tw/ch/about-mackay-priest.html，引用日期：2021 年 2 月 27 日。

26 赖永祥：《牛津学堂年表》，刊于"赖永祥长老史料库"（Elder John Lai's Archives ）网站：http: //www.laijohn.com/Mackay/MGL-college/chronology/1c.htm，引用日期：2021 年 2 月 23 日。

27 光绪二十七年（1901 年），马偕病逝，偕医馆停诊。光绪三十一年（1905 年），加拿大长老会医学传教士宋雅各医师夫妇抵淡水，次年重开偕医馆。宣统三年（1911 年），宋雅各院长将医疗中心迁到台北，扩建后将之命名为马偕纪念医院。2005 年，马偕医学院正式核准成立。该医院官方网站为：http: //www.mmh-imsc.org/zh-hans/，引用日期：2021 年 2 月 23 日。特别参见《马偕沿革》，刊于该官方网站：http: //www.mmh-imsc.org/zh-hans/new_mackay/，引用日期：2021 年 2 月 23 日。

College，校名汉译为"牛津学堂"）；二年后又在牛津学堂东侧建立台湾第一所女校——淡水女学堂。在台湾前期洋务运动阶段（1874-1884 年）期间，马偕在台湾北部积极传教之同时，大力传播现代西方文化，在以医疗为手段的传教过程中建立最初的西医、现代男女教育机构，有力地促进了台湾的现代化进程。[28]

第二节　淡水河畔：理学堂大书院的创办与转型

理学堂大书院（1882-1884 年；1885-1893 年；1896-1901 年）

马偕逍遥学堂的游学队伍。照片人物左起：挑夫阿贡（Burden Bearer）、向导（A Centurea）、柯玖（柯维思，Koa Kau）、庄天能（Thian-leng）、叶顺（Sun-a）、严清华（A Hoa）、马偕。[29]

　　在淡水最初十年的传教生涯中，马偕在巡回布道之同时，随时施教，以路边、榕树下、溪旁、海滨、客栈或地方上的礼拜堂为教室，非正式称之为逍

28　有关马偕的生平，参见《认识马偕牧师》，刊于"淡水基督长老教会"网站：https://www.mackay.org.tw/ch/about-mackay-priest.html，引用日期：2021 年 2 月 27 日。

29　[加]偕叡理（George Leslie Mackay）：《遥寄福尔摩沙：宝岛、百姓与传教》（*From Far Formosa：The Island，its People and Missions*），同上，第 173 页。参见"赖永祥长老史料库"（Elder John Lai's Archives）网站：http://www.laijohn.com/Mackay/MGL-album/5/2.htm，引用日期：2021 年 2 月 23 日。

遥学堂（Peripatetic School）、逍遥书院（Peripatetic College）[30]或巡回学堂（Itinerant School）、巡回书院（Itinerant College）。[31]这种学堂也就是露天课堂、移动课堂，具有随时、随地、随招、随教的特点，通过游学来开展教学活动，类似于现今的游学课堂。

> 由阿华[严清华]开始，经常每天都有一个至二十个学生在我身边。我们首先吟唱圣诗，如果天气好，就坐在榕树或竹林下，诵读、研究或查考圣经。晚间则在可以避风雨的地方，由我解释一段经文给学生及其他在场的人。即使在旅行中，每晚无论在什么地方，我必定给学生讲些上帝的道理，而他们也必定作笔记，加以研究，预备在翌日的复习。

> 我们另一个好去处是在鸡笼[基隆]的海边岩石上。我们带些锅子、米、韭菜、芹菜等到舢板[Sampan]上，然后自己划船到海边有沙石桌子或柱子的地方，中午时每人找些柴草来烧饭，但我们往往无须烹调，因为我们常带有一条尖钉，可用于拨开坚贴在岩石上的牡蛎而生吃之。上课至下午五时后，又滑入浅水中，搜集贝壳、活珊瑚、海藻、海胆做为学习和实验之用。有时花一小时的时间，用钓钩与线去钓鱼，既可吃之，也可以当做研究用的标本。

> 各地设有教堂之后，我们在每个教堂停留一天，一个礼拜或一个月，每天学习到下午4时，训练歌唱、讲话及辩论。嗣后出去访问附近的信徒及非信徒。学生们常被请去和朋友们共餐，因此他们即有宣传上帝真理的机会，在我们所住的教堂，每晚必举行公开的礼拜。

> 第四种方法便是带学生去旅行时所用者，也是非常有益的训练。我们可以在路上讨论一切问题，例如福音、民众、传授真理的方法或创物主等等，在路上大家总是每天搜集植物、花卉、种子、昆虫、泥土等各种标本，在下一个休歇站就加以研究。

---

30 《马偕》（George Leslie Mackay），刊于"加拿大人物传记词典"（Dictionary of Canadian Biography/Dictionnaire biographique du Canada，DCB/DBC）官方网站：http: //www.biographi.ca/en/bio/mackay_george_leslie_13E.html，引用日期：2021年2月22日。

31 参见董芳苑：《北部第一座神学教育建筑：理学堂大书院》，刊于《台湾教会公报》2986期，2009年5月18-24日，第11页。另外参见林金水主编：《台湾基督教史》，同上，第165页。

在初期的几年中（甚至在淡水校舍建竣以后也时常）用这些方法，训练学生使他们成为能干的工作者、流利的演讲者、巧妙的辩论者及成功的传道者。[32]

这一时期的学生主要有：严清华、许锐、吴宽裕、王长水、林辉成（又称"林孽"）、陈荣辉（"陈火"，1852-1898 年）、蔡生、洪湖、连和、姚扬、刘和、陈王、陈云腾、萧大醇、李恭、陈能、萧田、陈萍、陈玖、李嗣、陈芳德、陈存心、曾妈和、李炎。[34]马偕提供"地理"、"天文"、"教会史"、"解剖学"、"生理学"等非正式课程，主要以圣经教导为主。大多数学生光脚随马偕行走在悬崖峭壁、山地、田野和平原。老师带头、学生列队四处行游学习的景观，引起当地人的极大兴趣。[35]

在台湾传教期间，马偕深感创设新式学校之必要，于光绪五年（1880年）第一次回加拿大述职期间募款，获故乡牛津郡地方报纸《前哨论坛报》（Sentinel Review）新闻社的帮助，刊载募捐信息，并大力倡导募捐活动，

树下的逍遥学堂[33]

---

32 [加]偕叡理（George Leslie Mackay）：《遥寄福尔摩沙：宝岛、百姓与传教》（*From Far Formosa：The Island，its People and Missions*），同上，第287-288页。中译文参见赖永祥：《马偕的"逍遥学院"》，刊于《台湾教会公报》2673 期，2003年 5 月 25 日，第 13 页，转自于"赖永祥长老史料库（Elder John Lai's Archives）"网站：http：//www.laijohn.com/book7/635.htm，引用日期：2021 年 2 月 23 日。

33 [加]马罗伯（Robert Peter Mackay）：《道学博士马偕传（1844-1901 年）》（*Life of George Leslie Mackay，D.D.1844-1901*），同上，第 26 页插图。

34 赖永祥：《马偕的"逍遥学院"》，刊于《台湾教会公报》2673 期，2003 年 5 月 25日，第 13 页，转自于"赖永祥长老史料库（Elder John Lai's Archives）"网站：http：//www.laijohn.com/book7/635.htm，引用日期：2021 年 2 月 23 日。

35 [加]马罗伯（Robert Peter Mackay）：《道学博士马偕传（1844-1901 年）》（*Life of George Leslie Mackay，D.D.1844-1901*），同上，第 25、27 页。

共募得加币 6，215 元，为建校提供主要的资金来源。返台后，马偕择定淡水
炮台埔小山丘为永久性校址，亲自设计、规划、监督兴建校舍。[36]

理学堂大书院[37]

光绪八年（1882 年）7 月 26 日晚上八点半"理学堂大书院"举行落成典
礼，"由英国领事弗拉特[又译"胡拉特"，A. Frater]主持，总税务司 Hobson、
福建号 Abhoth 船长、钟森医师、李高功、孙开华[1840-1893 年]提督、台北知
府林达泉、洋商及贵宾共 1500 余人参加。"[38]代表官方的提督孙开华致辞谓
"如此台湾蕞尔小岛，而有此学堂，诚为全国最善之举"。[39]中外人士捐赠经
费和设备，共襄盛举。清廷官吏施放烟火助兴。[40]为感念家乡安大略省牛津郡
居民的无私捐助，校名被命名为 Oxford College，中译即"牛津学堂"，实际

---

36 林金水主编：《台湾基督教史》，同上，第 459 页。

37 [加]马罗伯（Robert Peter Mackay）：《道学博士马偕传（1844-1901 年）》（*Life of George Leslie Mackay，D.D.1844-1901*），同上，第 31 页插图。

38 陈宏文：《马偕博士略传》（George Leslie MacKay），刊于"丰盛恩典"网站：http: //www.wellsofgrace.com/resources/biography/mckay1.htm，引用日期：2021 年 2 月 23 日。另外参见林金水主编：《台湾基督教史》，同上，第 166 页；董芳苑：《北部第一座神学教育建筑：理学堂大书院》，同上，第 11 页。另林达泉（1829-1878 年）于光绪四年十月九日卒，春秋四十有九。此处记述有误。

39 林泉：《台湾近代历史的全新视角：深受中华传统文化影响的前辈台胞》，北京：九州出版社，2016 年 7 月第 1 版，第 17 页。

40 赖永祥：《牛津学堂年表》，刊于"赖永祥长老史料库"（Elder John Lai's Archives）网站：http://www.laijohn.com/Mackay/MGL-college/chronology/1c.htm，引用日期：2021 年 2 月 23 日。

的中文校名为"理学堂大书院"。[41]后人习惯称之为牛津学堂，不过此牛津学堂与英国的牛津大学无关。马偕在自传中对学堂建筑描述如下：

> 牛津学堂坐落于淡水河边约200英尺高的一处雅致之地，坐北朝南，可俯瞰河面。校舍东西长46英尺，南北长116英尺，使用厦门运送来的小红砖建筑而成。学堂外面经过油漆，用于防大风大雨。室内讲堂设有4个拱形玻璃窗。后方设有讲台以及一块黑板，其宽度与讲堂平行。每个学生均有桌椅可用。讲堂内有一幅世界地图，多幅天文图表，一个贴歌谱的布框。学堂可容纳50名学生，可居住2位教师及其家属。学堂有2间教室、1间博物陈列室、1间图书馆，另外有浴室和厨房各一。每个房间均明亮通风，安装必要的设备。院子空旷，周围有250英尺长的走廊。[42]

9月15日（礼拜五）为首次开课日。除了马偕外，陈荣辉、严清华等两位教师向学生们讲课，学生共18名。[43]牛津学堂是台湾第一所西式学堂。牛津学堂通过严苛的选拔培养制度保证生源质量。所开课程不仅有神学、圣经类课程，其余与其时的西方大学无异，同样教授中外人文历史、自然科学以及医学等类课程。具体课程主要包括"地理"、"地质"、"动植物"、"矿物"、"生理卫生"、"化学"、"物理"、"算术"、"初步几何"、"解剖"、"医学"、"音乐"与"体育"等。牛津学堂成为近现代台湾第一所真正意义上的现代化大学。[44]对此，早期学生回忆记述：

> 当时的学课有神学，天文，地理，地质，植物，动物，矿物，生理，卫生，化学，物理学，解剖，医学等，其实都是很新进珍贵的学课。

---

41 参见董芳苑：《北部第一座神学教育建筑：理学堂大书院》，同上，第11页。

42 [加]偕叡理（George Leslie Mackay）：《遥寄福尔摩沙：宝岛、百姓与传教》（*From Far Formosa*: *The Island*, *its People and Missions*），同上，第291页。译文参见董芳苑：《北部第一座神学教育建筑：理学堂大书院》，同上，第11页。

43 赖永祥：《牛津学堂年表》，刊于"赖永祥长老史料库"（Elder John Lai's Archives）网站：http://www.laijohn.com/Mackay/MGL-college/chronology/1c.htm，引用日期：2021年2月23日。

44 郑连德、吴清镒、徐谦信、郑连明：《台湾基督长老教会北部教会九十周年简史》，台北：庆祝设教九十周年历史组，1962年，第34页；转引自卞梁、连晨曦：《解构与建构：近代西人眼中的台湾教育》，刊于《江西科技师范大学学报》2019年第3期，第88页。

当马偕博士教授动物，植物，矿物时，经常都带实物来说明。例如，带猓的内脏来说明，或带来各种的矿物供观察，或命令学生采集所指定的植物，都是实地教学。又除了医学之外，在中午休课中，带学生到街上的偕医馆帮助马偕博士和医师。到晚上经常聚集学生，在讲堂让他们发表当天所学习的或讨论，也有让他们讲道的实地演习，这些都是很好的方法。如此牛津学堂都以最新进的教育最初的学校。[45]

首届学生有：汪安、曾俊、何狮、叶顺、郭主、高才、高振、许菊、刘在、刘琛、李牛港、李贵、陈厄、陈才、陈英、陈和、陈顺基、陈添贵，共18名（姓名排列依台语念白话字的顺序）[46]。

---

[45] 严彰述、李廷枢译：《牛津学堂与恩师之门生》，译自斋藤勇编《マッカイ博士の业迹》，第127-136页，原题："牛津学堂と恩师の俤"。严彰是严清华之弟。该文刊于"赖永祥长老史料库"（Elder John Lai's Archives）网站：http://www.laijohn.com/Mackay/MGL-college/rem/Giam,Chiong/c.htm，引用日期：2021年2月23日。

[46] 汪安，八里坌人，光绪八年（1882年）8月16日在龙峒领洗，时23岁，后任传道驻头城（头围）、三角涌（三峡）、鸡笼（基隆）等地。曾俊，水返脚人，其妻于光绪八年（1882年）8月21日在水返脚领洗，时19岁，其余待查。何狮，鸡笼人，《马偕施洗簿》名作"何西"，光绪三年（1877年）8月26日出生，领洗时27岁，后任传道于新社等地。叶顺，学名德顺，沪尾（淡水）人，光绪八年（1882年）8月16日在大龙峒领洗，是马偕爱徒之一，任传道，担任牛津学堂教席。郭主，即郭希信，仑仔顶（三角埔前身）教会出身，光绪八年（1882年）8月16日在大龙峒领洗，时18岁，后任传道，按牧，在顶双溪、锡口（松山）、水返脚（汐止）、三角涌（三峡）、桃园、罗东、竹堑（新竹）、大稻埕等教会担任牧师。高才，鸡笼（基隆）人，光绪三年（1877年）8月26日在鸡笼领洗，时22岁，光绪九年（1883年）8月21日去世。高振，鸡笼（基隆）人，任鸡笼教会长老，曾任水边脚、打马烟传道。许菊，新店人，光绪八年（1882年）8月20日在新店领洗，时17岁，后任传道。刘在，学名自在，八里坌人，其妹刘好是陈荣辉妻子，于光绪三年（1877年）3月17日在八里坌领洗，时年仅12岁，后在灰窑仔、艋舺、大稻埕等地传道。刘琛，又名宝琛，高茶坑人，属新店教会，于光绪四年（1878年）3月10日在新店领洗，时年17岁，后任传道，派驻淡水、艋舺、仑仔顶、竹堑等教会。李牛港，仑仔顶人。李贵，又名登贵，竹堑人，光绪八年（1882年）8月22日在竹堑领洗，时年21岁，其妻于次年3月18日在红毛港领洗。李贵任传道，在红毛港、大科崁（大溪）等教会担任牧师。陈厄，南港仔人，任艋舺、锡口（松山）等教会传道，于光绪二十三年（1897年）5月28日去世。陈才，水返脚人，生平不详。陈英及陈和是堂兄弟，五股坑人，均于光绪八年（1882年）8月27日在五股坑领洗，分别19岁、17岁。陈顺基，又作顺枝，红毛港人，光绪八年（1882年）8月22日在竹堑领洗，时20岁，后任传道，光绪二十一年（1885年）11月1日被革出教会。陈添贵，又作添桂，五股坑人，光绪八年（1882

牛津学堂成立后，马偕并未改变教育内容，继续开放博物室给学生使用，如今我们可以通过其中所收藏物品了解当时的课程情况。收藏涉猎到古今中外，尤为特别的是收藏台湾本地的材料：

> 我的书房兼博物室开放给学生使用，收藏品成为学生善用的资源。经23年收藏，书房堆满图书、地图、地球仪、动植物素描、显微镜、望远镜、万花筒、立体镜、照相机、磁石、直流电池和其他化学仪器，地质学、矿物学、植物学以及动物学的标本更是不可胜数。别人当成客厅的房间却是我们家的博物室。这里收藏许多汉人、平埔族和原住民使用的器具，也有许多贝壳、海绵，以及各样的珊瑚，全都已经分类完成并贴上标签。也保存各样的蛇类、虫类和昆虫。也有足以装满一间庙宇的神像、祖先牌位、宗教器物、乐器、道袍，以及汉人宗教贩卖的各样器物、农业工具和战争武器的模型。也完整展示各种不同族群高山原住民的器物，一件 10 尺高与众不同的神像，以及一整套高山原住民生活的遗物，有些极为精巧，有些让人沮丧，有些模样可怕令人反感，因为它们与原住民的残忍凶暴习性有关。[47]

中法战争期间，光绪十年（1884 年）10 月 2 日法舰炮轰淡水，炮弹伤及牛津学堂建筑，因建筑坚固，虽未遭损毁，但学校因而停课。次年 6 月 9 日，清法讲和，牛津学堂复校。光绪十五年（1889 年）2 月 18 日，宝顺洋行的德克将离台返英，赠一口旧钟给牛津学堂，钟上镌刻："1840, Quintin Leith"。今日台湾神学院仍在使用此钟。光绪十九年（1893 年）9 月 6 日马偕率领家眷第二次返回加拿大，牛津学堂第二次停课 3 年（1893-1895 年）。马偕回台后于光绪二十二年（明治二十九年，1896 年）复校。光绪二十六年（明治三十三年，1900 年），牛津学堂校长马偕首次颁发毕业证书，13 名毕业生荣获

年）8 月 17 日 17 岁时在水返脚受洗，后任传道，相继在仑仔顶、顶双溪、五股坑、枋桥头（板桥）、北投、木栅、八里坌等教会牧会。参见赖永祥：《牛津学堂首届学生》，刊于《台湾教会公报》2690 期，2003 年 9 月 15-21 日，第 1 页，转引自"赖永祥长老史料库"（Elder John Lai's Archives）网站：http: //www.laijohn.com/book7/652.htm，引用日期：2021 年 2 月 23 日。

47 [加]偕叡理（George Leslie Mackay）：《遥寄福尔摩沙：宝岛、百姓与传教》（*From Far Formosa*: *The Island*, *its People and Missions*），同上，第 288-289 页。中译文参见林昌华：《18 世纪"苏格兰启蒙运动"对来台宣教师的影响——以马偕为例》，同上。

毕业证书。这是马偕生前最后期的毕业生。[48]

　　牛津学堂著名校友中有陈氏父子三人。父为陈火，后改名为陈荣辉，是马偕的得意门生之一；于同治十二年（1873 年）入教，后任传道，光绪十一年（1885 年）5 月 17 日与严清华同受牧师教职，是台湾北部教会最早担任本地牧师者之一。陈荣辉的长子陈清义，在父亲成为牧师 21 年后也被按立，成为台湾北部的第三位牧师，后在艋舺教会担任牧师，娶马偕长女为妻。陈荣辉的另一个儿子陈清忠在艋舺公学校毕业后，于光绪三十三年（明治四十年，1907 年）入读牛津学堂。民国元年（大正元年，1912 年）陈清忠由教会选派赴日深造，入同志社大学的普通学校（中学部），民国五年（大正五年，1916 年）入该校大学部英文科。陈清忠深受同志社的薰陶，除英文方面具备专业造就，积极参加校内成立的混声合唱团 Glee Club，大学时代担任橄榄球队队长，率队参加比赛。学成之后，陈清忠返台在淡水中学校任教。民国十四年（大正十四年，1925 年）7 月，陈清忠在教学之外，创办以白话字书写、发行的刊物 *Kòa–Chhài–Chí*（《芥菜子》），自己担任主笔与编辑。[49]

　　光绪二十七年（明治三十四年，1901 年）马偕逝世后，校长由吴威廉牧师（Rev. William Gauld，1861-1923 年）[50]继任，牛津学堂被改为神学校，成为后来的台湾神学院之前身。马偕在台湾地区传教先后 20 多年，留下一座医

48　赖永祥：《牛津学堂年表》，刊于"赖永祥长老史料库"（Elder John Lai's Archives）网站：http: //www.laijohn.com/Mackay/MGL-college/chronology/1c.htm，引用日期：2021 年 2 月 23 日。

49　邓慧恩：《芥菜子的香气：再探北部基督长老教会的"新人运动"》，刊于《台湾文献》（*Taiwan Historica*）第 63 卷第 4 期，第 75 页。

50　吴威廉，加拿大安大略省西敏（Westminster）镇人，光绪十八年（1892 年）抵达淡水，成为马偕的助手，开始 32 年台湾布道办学的生涯。吴威廉具备专业的建筑知识与能力，从入台之后，北部长老会的建筑设计大多出自他的手笔，其中包括：光绪二十五年（1899 年），为英国领事馆增建两侧回廊；光绪二十七年（1901 年），设计马偕墓；光绪三十二年（1906 年），设计姑娘楼、女传教士宿舍，供女学生和女传教士使用；宣统元年（1909 年），设计牧师楼、男传教士宿舍；宣统二年（1910 年），设计妇学堂（Women's School），为成人及已婚妇女教育之用；民国元年（1912 年），设计北投教会及台北马偕医院；民国四年（1915 年），设计大稻埕教会；民国五年（1916 年），设计淡水高等女学校及宜兰礼拜堂；民国七年（1918 年），设计台北神学校；民国十一年（1922 年），设计新竹教会、基隆教会及凤林教会之礼拜堂。吴威廉逝世后，葬于淡水外侨墓园。有关受马偕感召来台的吴威廉牧师的简历，参见《吴威廉》，刊于"淡江维基馆"网站：http: //tamsui.dils.tku.edu.tw/wiki/index.php/，发布日期：2021 年 2 月 4 日（周四）00: 33，引用日期：2021 年 2 月 23 日。

院、一所女学堂与牛津学堂，另外建立 60 多个传教站。而牛津学堂成为现今的台湾神学院、私立淡江高级中学和真理大学的源头，可谓一颗百年老树之根绵延出三棵枝叶，分布于台湾省北部的台北市与新北市。

第三节　老树三枝：1901 年之后的理学堂大书院

淡江神学校（1901-1914 年）

台北神学校（1914-1925；1927-1944 年；1945-1948 年）

台湾神学院（1948 年-）

　　上文以及述及，马偕自同治十一年（1872 年）入台即开始以露天方式开展神学教育。在此基础之上，光绪八年（1882 年）创建的理学堂大书院提供规范的神学与圣经类课程。光绪二十七年（明治三十四年，1901 年）马偕逝世后，理学堂大书院改为淡江神学校。日本殖民台湾时期，在教育上设学校、师范学校与各地普设的六年国民教育已完成，因此由牛津学堂改制的淡江神学校须提升水准。光绪三十三年（明治四十年，1907 年），神学校确立学年制度，规定入学者须完成小学教育，设立神学科与普通科。神学科后发展成为神学院，而普通科则成为中学教育的滥觞。民国三年（大正三年，1914 年）4 月 4 日，淡江神学校院舍由牛津学堂原址迁至台北双连的临时校舍，称台北神学校，准备与台湾南部长老会创办的台南神学校联合成立"联合神学院"（Union Theological College），并等待台北神学校新舍落成。[51]普通科正式改为淡水中学，发展成日后的"淡江高级中学"。台北神学校校址位于台北市宫前町 297 番地，即今台北市中山北路二段 113 号，由吴威廉设计及督工监造，以设立台湾联合神学院的理念规划，于民国六年（大正六年，1917 年）动工，次年 4 月竣工落成启用。民国元年（大正元年，1912 年），台湾长老会讨论将南北两所神学校合并事宜，并于民国四年（大正四年，1915 年）决定以台北为南北联合神学院的校址，但此决议遭到时任台南神学校校长的巴克礼（白话字：Pa-khek-lé，Thomas Barclay，1849-1935 年）牧师反对，最终未果。[52]北部长老会于民国十四年（大正十四年，1925 年）遵守决定，将台北

51　参见林金水主编：《台湾基督教史》，同上，第 193 页。

52　参见《台神简史》，刊于"台湾神学院"官方网站：https://www.taitheo.org.tw/p/404-1000-215.php，引用日期：2021 年 2 月 23 日。

神学校停办两年，11 名学生转到台南神学校就读，台北神学校师生在台南上课 2 年后于民国十六年（昭和二年，1927 年）转回淡水，继而在十年后于民国二十六年（昭和十二年，1937 年）迁回台北。[53]

在中日战争期间的民国二十九年（昭和十五年，1940 年），南部长老会决定关闭台南神学校，因此南北两神学校在太平洋战争前夕合并为联合神学校，即台北神学校。同年 9 月，台南神学校 15 名学生北上台北神学校就读。由于太平洋战争爆发，台北神学校校舍于民国三十三年（昭和十九年，1944 年）被日军征用，学生被迫参加新店煤矿的"学徒勤劳奉仕"的劳役。翌年 5 月 31 日，美军在冲绳岛作战时，神学校宣告停课。民国三十四年（昭和二十年，1945 年）日本战败后，台北神学校复校，并向有关当局申请收回被征用校舍，[54]

民国三十七年（1948 年）元月，北部长老会大会把台北神学校改称为台湾神学院（Taiwan Theological College and Seminary）。南部长老会大会于同年 4 月召回任教于台湾神学院的师生返回台南。1956 年，台湾神学院校址从台北市中山区双连迁到现址，即台北市士林区仰德大道二段 2 巷 20 号。[55]

淡水女学堂（1884-1901 年；1907-1916 年）

淡水高等女学校（1916-1922 年）

私立淡水女学院（1922-1938 年）

私立淡水高等女学校（1938-1945 年）

纯德女子中学（1945-1956 年）

私立淡江高级中学（1956 年-）

53　其中的曲折办学历史是，民国十五年（1926 年）南部长老会议定校址置台湾中部，推翻 10 年前的决定。北部长老会认为联合神学院成立无望，于民国二十六年（1927 年）将北部学生迁至淡水龙目井旧偕医馆，并复校，民国二十年（1931 年）又迁往炮台埔牛津学堂旧址；民国二十六年（1937 年），再度迁回双连的台北神学校原校舍。参见《台神简史》，刊于"台湾神学院"官方网站：https://www.taitheo.org.tw/p/404-1000-215.php，引用日期：2021 年 2 月 23 日。

54　参见《台神简史》，刊于"台湾神学院"官方网站：https://www.taitheo.org.tw/p/404-1000-215.php，引用日期：2021 年 2 月 23 日。

55　参见《台神简史》，刊于"台湾神学院"官方网站：https://www.taitheo.org.tw/p/404-1000-215.php，引用日期：2021 年 2 月 23 日；另外参见《台湾神学院》，刊于"淡水维基馆"网站：http://tamsui.dils.tku.edu.tw/wiki/index.php/台湾神学院，发布日期：2020 年 9 月 3 日（周四）00：11，引用日期：2021 年 2 月 23 日。

马偕在创办理学堂大书院之同时，于光绪八年（1882 年）筹备设立淡水女学堂，用于培养女传道人。光绪十年（1884 年），马偕获加拿大长老会海外女传教会之助，在牛津学堂东侧创办台湾省第一所女校"淡水女学堂"。[56]第一届招收女生 34 名，学费全免，补助交通费，提供吃住与衣着，属于义塾。但时汉人受传统礼教约束，不以女子教育为要务，支持义塾的是宜兰的平埔族人。马偕逝世后，学校停课。[57]光绪三十三年（明治四十年，1907 年），在加拿大女传教士金仁理（Jane Kinney, 1877-1965 年）、高哈拿（Hannah Connell, 1869-1931 年）主持下，原女学堂重新以女子中学形式开校。民国五年（1916 年），学校被日人强制接管，改名为"淡水高等女学校"。民国十一年（大正十一年，1922 年），因法令所限，学校又改名为"私立淡水女学院"。民国三年（大正三年，1914 年）淡水中学校建立，位于原牛津学堂旧址，民国十四年（大正十四年，1925 年），迁址现今的八角塔校址。在日本殖民统治时代中期，日本政府强行推行皇民化，于民国二十五年（昭和十一年，1936 年）强制接管男、女两校，于民国二十七年（昭和十三年，1938 年）分别改名为"私立淡水中学校"和"私立淡水高等女学校"。抗战胜利后，民国三十五年（昭和二十年，1945 年），两校回归台湾长老会，私立淡水高等女学校与宫前女学校合并为纯德女子中学。1956 年，纯德女子中学与男校淡江中学合并为今天的私立淡江高级中学。[58]

淡水中学校（1914-1922 年）

私立淡水中学（1922-1938 年）

私立淡水中学校（1938-1945 年）

淡江中学（1945-1956 年）

私立淡江高级中学（1956 年-）

偕睿廉在取得教育学硕士学位之后，于宣统三年（明治四十四年，1911 年）末返台筹办中学校，以牛津学堂旧址建立淡水中学校（Tamsui Middle School）。民国三年（大正三年，1914 年），"台湾总督府"核发设校许可。同年 4 月 4 日，淡水中学校在牛津学堂原址举行开学典礼，采用 5 年学制，

---

56 台湾省文献委员会编：《台湾省通志 12，卷 2 民志：礼俗篇·宗教篇上》，台湾省文献委员会，1971 年 6 月，第 499 页，认为时在光绪九年（1883 年）。

57 参见林金水主编：《台湾基督教史》，同上，第 168-169 页。

58 台湾省文献委员会编：《台湾省通志 12，卷 2 民志：礼俗篇·宗教篇上》，同上，第 499-500 页。

首任校长为偕睿廉。该日期与马偕 42 年前登陆淡水的日期相同，成为日后校庆纪念日。淡水中学校是第一所为台湾学生所办的正式 5 年制中学校。[59]

民国十一年（大正十一年，1922 年）2 月，"台湾总督府"重新颁行《台湾教育令》，限制私立学校不得再使用"学校"之名称。同年 10 月，校名改为"私立淡水中学"。民国十四年（大正十四年，1925 年），校址迁至附近的新校舍。新校舍的"八角塔"成为淡水中学的象征。牛津学堂原址改为纯德女中、淡水中学学生及老师之宿舍，至民国二十年（昭和六年，1931 年）止。民国二十年（昭和六年，1931 年），因南北联合神学院成立未果，4 月台北神学校师生迁回牛津学堂，依旧称"台北神学校"。[60]同时，马偕遗孀张聪明将家族拥有的五千余坪土地捐出修建运动场，即现今的橄榄球场。民国二十五年（昭和十一年，1936 年）起，日本殖民政府接管校务。同年 8 月，原牛津学堂建筑随同淡水中学和女子学校被迫移转给当时台北州之日本财团。民国二十七年（昭和十三年，1938 年）2 月 15 日，北部台湾基督长老教会大会议决：牛津学堂建筑为教会之珍贵历史古迹，必须永久保存。[61]

民国二十七（昭和十三年，1938 年），"台湾总督府"修改教育法令，认可私立中学之创设，校名改为"私立淡水中学校"。同年，依照让渡协议的约定，学校兴建"马偕博士纪念图书馆"。民国三十九年（昭和十五年，1940 年），牛津学堂建筑及原传教士宿舍曾为"台北神学校高等女学部"所在地，隔年 5 月女学部迁往台北双连的传教士宿舍，淡水的 4 栋传教士宿舍和牛津学堂建筑租给淡水中学校和淡水高等女学校使用。日本投降后，民国三十四年（昭和二十年，1945 年）11 月 20 日，私立淡水中学校与私立淡水高等女学校交还北部台湾基督长老教会，私立淡水中学校改名为淡江中学，牛津学

59 赖永祥：《牛津学堂年表》，刊于"赖永祥长老史料库"（Elder John Lai's Archives）网站：http: //www.laijohn.com/Mackay/MGL-college/chronology/1c.htm，引用日期：2021 年 2 月 23 日。

60 赖永祥：《牛津学堂年表》，刊于"赖永祥长老史料库"（Elder John Lai's Archives）网站：http: //www.laijohn.com/Mackay/MGL-college/chronology/1c.htm，引用日期：2021 年 2 月 23 日。

61 赖永祥：《牛津学堂年表》，刊于"赖永祥长老史料库"（Elder John Lai's Archives）网站：http: //www.laijohn.com/Mackay/MGL-college/chronology/1c.htm，引用日期：2021 年 2 月 23 日。

堂校舍用作学生宿舍，改名"美楼"。[62]1956 年，私立淡江中学与纯德女子中学合并，改为"私立淡江高级中学"。[63]

私立淡水工商管理专科学校（1965-1994 年）

私立淡水工商管理学院（1994-1999 年）

真理大学（1999 年-）

北部台湾基督长老教会为继承马偕对台湾文化、教育、医疗的贡献，于1959 年决议在淡水"牛津学堂"原址筹设大学。1965 年，北部台湾基督长老教会分割部分淡江中学校地与原传教士宿舍，于牛津学堂原址成立"私立淡水工商管理专科学校"，简称"淡专"，英文校名为 Damsui Institute of Business Administration，招收 3 年制及 5 年制专科学生。1966 年，牛津学堂正厅用作淡专小教堂，两旁护龙用作办公室。[64]1971 年，校董事会改英文校名为 Tamsui Oxford College，即淡水牛津学堂或淡水牛津学院。1982 年11 月 5 日，为纪念牛津学堂建校百周年，私立淡水工商管理专科学校整修牛津学堂。1985 年 8 月 19 日，牛津学堂经"内政部"指定为二级古迹。1986 年，北部台湾基督长老教会大会成立史迹委员会并设史迹馆。[65]1991年，为发展成为综合大学，学校增购台南市麻豆区土地建立分部，与淡水校区并列。

为适应时代的需要，1994 年，学校改制为 4 年制独立学院，改校名为"私立淡水工商管理学院"，英文校名为 Tamsui Oxford University，即淡水牛津大学。1999 年 8 月 1 日，学校改名为"真理大学"，英文校名为 Aletheia University。Aletheia 即希腊文"真理"。校址位于新北市淡水区真理路 32 号，

---

62 赖永祥：《牛津学堂年表》，刊于"赖永祥长老史料库"（Elder John Lai's Archives）网站：http://www.laijohn.com/Mackay/MGL-college/chronology/1c.htm，引用日期：2021 年 2 月 23 日。

63 台湾省文献委员会编：《台湾省通志 12，卷 2 民志：礼俗篇·宗教篇上》，同上，第 499-500 页；另外参见《新北市私立淡江高级中学》，刊于"淡水维基馆"网站：http://tamsui.dils.tku.edu.tw/wiki/index.php/新北市私立淡江高级中学，发布日期：2020 年 2 月 7 日（周五）09：49，引用日期：2021 年 2 月 23 日。

64 赖永祥：《牛津学堂年表》，刊于"赖永祥长老史料库"（Elder John Lai's Archives）网站：http://www.laijohn.com/Mackay/MGL-college/chronology/1c.htm，引用日期：2021 年 2 月 23 日。

65 赖永祥：《牛津学堂年表》，刊于"赖永祥长老史料库"（Elder John Lai's Archives）网站：http://www.laijohn.com/Mackay/MGL-college/chronology/1c.htm，引用日期：2021 年 2 月 23 日。

与理学院大学堂相近。[66]

第四节　淡水边的洋楼：理学堂大书院遗存录

理学堂大书院，也被称为牛津学堂，且后者已经成为常用名称。所以，理学堂大书院旧址以牛津学堂之约定俗成的名称而通用于世，位于新北市淡水区文化里真理街 32 号真理大学校园里，总面积 1，178 平方公尺。1985 年 8 月 19 日，台湾省"内政部"将之评定为台闽地区第二级古迹，古迹类别为书院。1997 年 4 月《文化资产保存法》修法后，牛津学堂改列为"国定古迹"。[67]

一、牛津学堂旧址

理学堂大书院[68]

---

66 潘慧斌编著：《台湾地区教育体系与大学概览》，北京：九州出版社，2011 年 9 月第 1 版，第 252-254 页；另外参见赖永祥：《牛津学堂年表》，刊于"赖永祥长老史料库"（Elder John Lai's Archives）网站：http://www.laijohn.com/Mackay/MGL-college/chronology/1c.htm，引用日期：2021 年 2 月 23 日。

67 参见《理学堂大书院》，刊于"淡水维基"网站：http://tamsui.dils.tku.edu.tw/wiki/index.php/理学堂大书院，发布日期：2020 年 10 月 27 日（周二）10：43，引用日期：2021 年 2 月 23 日。

68 [加]偕叡理（George Leslie Mackay）：《遥寄福尔摩沙：宝岛、百姓与传教》（*From Far Formosa：The Island，its People and Missions*），第 290 页。

理学堂大书院

马偕在台湾所兴建的建筑中，理学堂大书院是其中具有中西合璧风格的一栋，由时淡水知名泥水匠洪仔泉（又称"洪泉"）[69]所建，马偕负责选地、设计、督工。书院均衡对称，坐北朝南，东西长 76 尺，南北长 116 尺，所有清水砖与闽南瓦由厦门运来，以蒸熟的糯米、乌糖浆、石灰与砂相拌代替水泥。小红砖外刷油漆，以防风雨，且其尺寸比淡水本地稍扁且长。外观冠有西式教堂的小帽尖，类似中国尖塔造型。门楣为观音山石，题有"理学堂大书院 Oxford College 1882"。在格局配置上，正门入口为中式前廊，主屋正面为大厝三开间，两侧各有护龙，后面并有第二落，形成四合院，今已被拆除。门窗和百叶窗采用西式圆拱形雨披。正门前有传统民居"凹寿"的前廊；而前檐却有西式矮栏杆即"女儿墙"的做法。山墙上的圆拱窗以红砖砌成，上加丁面雨披，嵌有彩色玻璃。闽南式屋顶为传统硬山式板瓦屋面，屋顶上有西式老虎窗即气窗。屋脊上设有中国式小尖塔。[70]尤为值得注意的是，屋脊所立的小佛塔总计 8 座，用以代替十字架，今只剩 6 座。四合院大厝、闽南式红砖屋、西式圆拱形门窗融为一体。欧式与闽南式相互结合的建筑风格体现出强烈的本土化意识。理学堂大书院现辟为马偕纪念资料馆、北部台湾基督长老教会史迹馆、真理大学〔前身为淡水工商管理学院〕校史馆。[71]

---

69 洪泉是淡水新店尾人，光绪三十二年（1906 年）马偕计划建造淡水埔顶的传教士住宅时，受到聘请，主持洋楼的兴建工作。民国元年（1912 年），洪泉负责建台北双连的马偕医院，民国五年（1916 年）建造淡水女学校，民国十四年（1925年）建造淡水中学校舍。另外，淡水埔顶洋楼建筑群出自其手的包括姑娘楼（1906年）、牧师楼（1909 年），以及淡水女中（1916 年）、淡水中学八角塔（1923 年）等，而现有的淡水礼拜堂（1932 年）也由他所建。他依据传教士所设计的图样施工。参见《洪泉》，刊于"淡水维基馆"网站：http://tamsui.dils.tku.edu.tw/wiki/index.php/洪泉，发布日期：2015 年 2 月 24 日（周二）15：22，引用日期：2021 年 2 月 23 日。

70 参见《理学堂大书院》，刊于"淡水维基"网站：http://tamsui.dils.tku.edu.tw/wiki/index.php/理学堂大书院，发布日期：2020 年 10 月 27 日（周二）10：43，引用日期：2021 年 2 月 23 日。

71参见《牛津学堂》，刊于"淡水基督长老教会"网站：https://www.mackay.org.tw/ch/oxford-college2.html，引用日期：2021 年 2 月 27 日。

马偕故居[72]

马偕故居

　　马偕故居，即创校校长马偕的宿舍，也被称为"马偕淡水故居"。马偕故居因造型与色彩而被誉为"小白宫"，为西班牙式建筑，后面加盖一书房兼用作研究室。小楼原为马偕书房，故也被称为"读书楼"。马偕故居建于光绪元年（1875 年），属于马偕建造的两栋白垩回廊式洋楼之一。该建筑最初用作马偕的寓所，成为加拿大长老会在台传教的重要基地，直到马偕于光绪二十七年（明治三十四年，1901 年）病逝为止。日治明治年间，"台湾总督"乃木希典来此拜访，参观马偕的博物室。其子偕叡廉创建淡水中学校时，以此为校长寓所。民国三十年（昭和十六年，1941 年），偕叡廉因中日战争返母国加拿大，战后回来在此居住直到 1952 年。1965 年，真理大学创校后，此处曾用作图书馆、实习旅馆和学人招待所。马偕家族返台也下榻于此。[73]

---

72 图片取自"赖永祥长老史料库"（Elder John Lai's Archives）网站：http：//www.laijohn.com/Mackay/MGL-album/4/1.htm，引用日期：2021 年 2 月 23 日。

73 参见《马偕故居》，刊于"淡水基督长老教会"网站：https://www.mackay.org.tw/ch/mackay-house.html，引用日期：2021 年 2 月 27 日。

教士会馆

教士会馆位于马偕淡水故居左边，于光绪元年（1875 年）与之同时所建，与之属于同型建筑，是马偕建造的两栋白垩回廊式洋楼之一，也被称为"小白宫"。教士会馆早年供其他传教士住宿，目前用作真理大学的教士会馆。二战期间，该建筑被淡水中学校用作学寮即学生宿舍，被称为"玄武寮"，而马偕故居则被称作"白虎寮"。[74]

马偕面包果树

光绪十六年（1890 年）马偕到花莲传教时，当地原住民"南势番"（阿美族）赠他这种他们称作"八支律"的树苗。马偕将它带回淡水，栽在他家后院。今日炮台埔顶所见面包果树，均由此株百年来所繁生。面包果树，英文名 Breadfruit Tree，属桑科。其树液粘性强如橡胶树，每年结实 1 次，8 月成熟。台湾北部人称之为葡萄蜜或波罗蜜。真理大学人文学院门口有面包果树一株，光绪二十九年（明治三十六年，1903 年）由母树移植于此。[75]

姑娘楼

姑娘楼，原用作女传教士宿舍，故名。姑娘楼于光绪三十二年（明治三十九年，1906 年）由吴威廉所建。姑娘（Miss）指单身未婚女传教士。金仁理（Jane Kinney，1905-1928 年在台）、高哈拿（Hannah Connell，1905-1931 年在台）、李仁美（Geraldine Greer）、黎玛美（Mabel G. Clazie，1910-1931 年在台）、安义理（Lily Adair，1911-1940 年在台）、杜道理（Dorothy Douglas，1928-1965 年在台）和德明利（Isabel Taylor，A.T.C.M.，1931 年在台）[76]等姑娘曾在此居住，因外国人在此居住，故也被称为"番仔楼"。姑娘楼选用红砖，故也称"红楼"，现为真理大学校长办公室。吴威廉择马偕宿舍西邻原宝顺洋行之地，亲自设计督工建造，并聘当时著名的洋楼匠师黄阿树施工。该栋建筑采用砖拱回廊，今日在其屋顶西边气窗上，有白灰所塑"1906"的浮字，

---

74 参见《马偕故居》，刊于"淡水基督长老教会"网站：https://www.mackay.org.tw/ch/mackay-house.html，引用日期：2021 年 2 月 27 日。

75 参见《马偕的面包果树》，刊于"淡水基督长老教会"网站：https://www.mackay.org.tw/ch/mockay_bread_fruit-trees.html，引用日期：2021 年 2 月 27 日。

76 参见《1872 年至 1945 年加拿大长老教会驻台宣教师名单》，刊于"赖永祥长老史料库"（Elder John Lai's Archives）网站：http://www.laijohn.com/missionaries/1872-1945-CP.htm，引用日期：2021 年 2 月 23 日。

所用的砖材和福杉运自厦门。姑娘楼总计二层，为半西班牙式建筑，红砖砌成，砖工精细，造形、比例优美。姑娘楼在二战期间一度成为淡水中学校的男生宿舍，改名为"朱雀寮"。[77]

牧师楼

牧师楼位于姑娘楼西侧，宣统元年（明治四十二年，1909 年）由吴威廉建造。该楼原为吴威廉的寓所，后明有德（Hugh A. MacMillan, 1892-1970 年）、孙雅各（James Ira Dickson, 1900-1967 年）两位牧师（淡中代校长）在此住过，故俗称"牧师楼"。因孙雅各在此居住，教会又习惯称之为"孙牧师楼"。牧师楼曾被淡水中学校租作学寮，称作"青龙寮"，姑娘楼称为"朱雀寮"。二战后，牧师楼用作纯德女中音乐教室，1965 年后归真理大学使用，用作教师宿舍，现为教职员餐厅——"真善美餐厅"。[78]牧师楼为半西班牙式建筑，西侧有半层地下室，时作车库。[79]

大礼拜堂

礼拜堂于 1997 年完工。楼层分地下三层、地上四层、屋突三层，合计十层。其中大礼拜堂可容纳约 1，200 至 1，500 人；小礼拜堂可容纳约 150 至 180 人；阶梯教室可容纳约 150 至 160 人，其它则视用途而定。礼拜堂西有"一级古迹"红毛城，北有"国定古迹"牛津学堂，东有清水红砖建筑，形成颇富古迹风貌的建筑群。[80]礼拜堂重复使用尖拱造形，仿一般哥特式教堂扶壁向上层层退缩。东西两侧的对称尖塔具有台湾教会传统建筑余韵。礼拜堂周围配有回廊绕成的半户外空间，除具备遮阳、挡雨、采光和疏散等功能外，也可眺望淡水河、观音山的美景。礼拜堂面对牛津学堂，前有杨英风（1926-1997 年）大师所设计的美丽花园，假日游人如织，颇具欧洲大学名校的景

---

77 参见《姑娘楼》，刊于"淡水维基馆"网站：http：//tamsui.dils.tku.edu.tw/wiki/index.php/姑娘楼，发布日期：2018 年 12 月 30 日（周日）18：43，引用日期：2021 年 2 月 23 日。

78 参见《姑娘楼与牧师楼》，刊于"淡水基督长老教会"网站：https://www.mackay.org.tw/ch/姑娘楼与牧师楼.html，引用日期：2021 年 2 月 27 日。

79 参见《牧师楼》，刊于"淡水维基馆"网站：http：//tamsui.dils.tku.edu.tw/wiki/index.php/牧师楼，发布日期：2020 年 5 月 7 日（周四）00：37，引用日期：2021 年 2 月 23 日。

80 参见《新北市私立淡江高级中学》，刊于"淡水维基馆"网站：http：//tamsui.dils.tku.edu.tw/wiki/index.php/新北市私立淡江高级中学，发布日期：2020 年 2 月 7 日（周五）09：49，引用日期：2021 年 2 月 23 日。

观。教堂左前人文学院前方建有马偕来台 60 周年（1932 年）纪念碑，为台湾长老教会的重要古迹。[81]

二、淡水中学旧址

校园平面图[82]

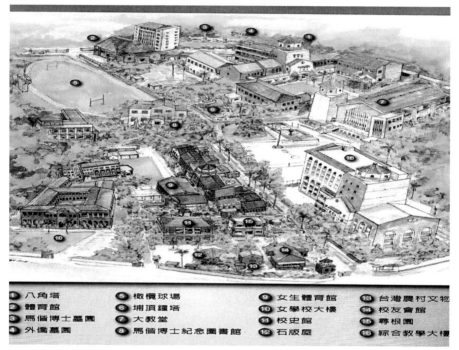

私立淡江高级中学（New Taipei Tamkang High School）位于新北市淡水区真理街 26 号。其最初的办学地址即为牛津学堂，为此本书特别介绍其历史古迹。

八角塔

八角塔是现今私立淡江高级中学最著名、最有特色的建筑物，也是其精神堡垒。民国十四年（大正十四年，1925 年），私立淡水中学几何学教员、教育传教士罗虔益（D. W. Dowie/ Mr. K. Doawie）设计该塔，将中国宝塔式建筑和西方欧式建筑融合。现今主塔正面上方有台湾基督徒书法家吴廷芳（1871-? ）[83]的

---

81 参见《真理大学礼拜堂》，刊于"淡水基督长老教会"网站：https：//www.mackay.org.tw/ch/truth-university.html，引用日期：2021 年 2 月 27 日。

82 《校园平面图》，刊于"新北市私立淡江高级中学"官方网站：https：//www.tksh.ntpc.edu.tw/nss/p/42，引用日期：2021 年 2 月 28 日。

83 雄狮台湾美术年鉴编辑委员会编著：《台湾美术年鉴 1990），台北：雄狮图书股份有限公司，1989 年 12 月第 1 版，第 467 页。

篆隶"私立淡水中学"和校训"信、望、爱"，因从任一角度观看都会看见塔顶其中的三面如同信望爱三字，故原名"信望爱塔"。八角塔采用当地建材，格局为农宅三合院。高 60 尺的主塔两旁为二楼，再沿两翼教室依次降低，前端教室以翼塔收尾，前有阳台，两翼有回廊，三塔环绕清翠的前庭，中开椰林道入正门。正门以观音石为门楣，并雕出雀替和宫灯，以突显中国色彩。前端的两座八角形状卫塔环绕青翠的前庭，中间并开出一条大道，直通大门口。主塔正门上有中国宫廷式雀鸟和宫灯，墙壁上交替红白砖面，气质典雅柔和。八角塔成为台湾地区校舍建筑典范。日人治校期间重雕"私立淡水中学校"校名，并在门前通道植两排亚力山大椰子树，在东厢加盖二楼。1956 年男女两校合并后，学校在西厢增盖二楼而成今貌。[84]

马偕墓园

马偕墓园是马偕的长眠之处，与外侨墓园仅一墙之隔，为马偕家族墓园。马偕逝世前亲择此地为其埋骨所在，陪伴马偕安息于此的是其亲人和入室学生。马偕逝世于光绪二十七年（明治三十四年，1901 年）6 月 2 日；2001 年 6 月 2 日，台湾淡水镇公所为纪念马偕博士逝世百周年，将此日订为"马偕日"。此墓园被台湾省列入古迹，为台湾北部长老会的圣地。[86]墓碑采用埃及方尖式，为马偕门生所捐建。马偕墓地右边是其爱妻张聪明，再右边是女儿和女婿，再外围是其入室子弟。马偕墓地的左边是长子偕叡廉夫妇，再左边是其亲家姻亲

马偕墓地[85]

84 参见《八角塔》，刊于"淡水基督长老教会"网站：https://www.mackay.org.tw/ch/八角塔.html，引用日期：2021 年 2 月 28 日。

85 [加]马罗伯（Robert Peter Mackay）：《道学博士马偕传（1844-1901 年）》（*Life of George Leslie Mackay，D.D.1844-1901*），同上，第 51 页插图。

86 参见《新北市私立淡江高级中学》，刊于"淡水维基馆"网站：http://tamsui.dils.tku.edu.tw/wiki/index.php/新北市私立淡江高级中学，发布日期：2020 年 2 月 7 日（周五）09：49，引用日期：2021 年 2 月 23 日。

等人。马偕夫妇的墓碑，正面是英文和白话字罗马拼音，背面是汉文。此墓园现由私立淡江高级中学管理。目前有墓位 44 处（含衣冠冢）。埋骨于此的除台籍、加籍人士之外，还有一位日本人，即马偕的孙媳。[87]

外侨墓园

外侨墓园为私立淡江高级中学内另一处墓园，与马偕墓园一墙之隔。此处因安葬外籍人士，俗称"西仔墓"或"番仔墓"。目前为止，此处与马偕墓园构成全台湾省规模最大、保存最完整的外国人墓园，成为淡水国际港时代的证物，被列入古迹保存，目前土地属"国有财产局"，由旅台加拿大侨民团体和私立淡江高级中学共同管理。[88]安息于墓园中的教会名人包括吴威廉、叶资牧师（Rev. Narcissus Peter Yetes，1862-1938 年）等。[89]

女生体育馆

女生体育馆建于民国四年（大正四年，1915 年），原为女校体育和室内集会场所，后因男女合校逐渐停用而成为古迹。2001 年，女生体育馆遭火灾半毁，重修成今貌，现为纯德幼稚园教室和幼保教学大楼。[90]

妇学堂

妇学堂于宣统二年（明治四十三年，1910 年）由吴威廉设计建造，位于淡水女学堂东侧，为私立淡江高级中学现存最早的校舍，昔称"妇学"、"真楼"。马偕创办的淡水女学堂于宣统三十三年（明治四十年，1907 年）改制为女子中学后，由于淡水女学堂教育方针发生转变，为了继续保留成年和已婚妇女教育及训练宣道妇，故设立妇学堂，用于训练女传道人。妇学堂学制 2 年。课程内容除中、日文教学以及习字外，以"圣经"与"音乐"为主。民国十八年（昭和四年，1929 年），因应当时日本殖民教育制度改变，改名为"妇

---

87 参见《马偕墓园》，刊于"淡水基督长老教会"网站：https://www.mackay.org.tw/ch/mackay-cemetery.html，引用日期：2021 年 2 月 27 日。

88 参见《新北市私立淡江高级中学》，刊于"淡水维基馆"网站：http://tamsui.dils.tku.edu.tw/wiki/index.php/新北市私立淡江高级中学，发布日期：2020 年 2 月 7 日（周五）09：49，引用日期：2021 年 2 月 23 日。

89 参见《外侨墓园（西仔墓）》，刊于"淡水基督长老教会"网站：https://www.mackay.org.tw/ch/外侨墓园（西仔墓）.html，引用日期：2021 年 2 月 27 日。

90 参见《新北市私立淡江高级中学》，刊于"淡水维基馆"网站：http://tamsui.dils.tku.edu.tw/wiki/index.php/新北市私立淡江高级中学，发布日期：2020 年 2 月 7 日（周五）09：49，引用日期：2021 年 2 月 23 日。

女义塾"，而后由于校舍被日本当局接收而逐渐停办，至民国二十五年（昭和十二年，1936 年）废止；民国二十九年（昭和十五年，1940 年）改为修道院"安乐家"所用，后于民国三十一年（昭和十七年，1942 年）解散。日治时期曾将妇学堂命名为"真楼"，用作女生宿舍；牛津学堂改名为"美楼"，用作女生宿舍；淡水女学校校舍改名"善楼"，形成真、善、美三女子学寮。2000年，私立淡江高级中学将之重新整修，改作校史馆。[91]

淡水女学校

淡水女学校，又称"纯德大楼"，民国五年（大正五年，1916 年）由吴威廉设计督建落成。淡水女学校的前身为马偕创办的淡水女学堂。女学校是一座位于四合院中围天井的二层楼建筑。正面建有精美的砖拱回廊和绿釉花瓶栏杆，是当时淡水地区流行的殖民地洋楼样式。正面山墙墙面以砖雕阴刻"淡水女学校"的中英文。校园草木扶疏，具有隐闭性，又采取修道院式的住宿管理，形成当时台湾北部最佳的女子教育环境。此建筑也是吴威廉留台保存最完整的建筑遗作。女学校于民国二十五年（昭和十一年，1936 年）被日人强制征收，改名为"私立淡水高等女学校"。此建筑也被命名为"善寮"即善楼。战后学校改名为"纯德女子中学"，因此昔日淡江人称它为"纯德大楼"。纯德女子中学后与私立淡水中学校合并，此建筑用作女生宿舍。1990 年，纯德幼稚园也以一楼为校舍长达 12 年之久。而女生宿舍也于 2000 年迁至新大楼。目前此处为私立淡江高级中学小学部前楼。[92]

橄榄球场

橄榄球场建于民国十年（大正十年，1921 年），是台湾地区橄榄球运动的发源地，也是台湾体育史上风云际会之地。淡江橄榄球队于民国十二年（大正十二年，1923 年）成立，翌年于台北市击败日本人的"台北联合队"，自此揭

91　《妇学堂（真楼）》，刊于"淡水基督长老教会"网站：https://www.mackay.org.tw/ch/oxford-college.html，引用日期：2021 年 2 月 27 日。另外参见《淡水妇女学堂》，刊于"淡水维基馆"网站：http://tamsui.dils.tku.edu.tw/wiki/index.php/淡水妇女学堂，发布日期：2020 年 3 月 21 日（周六）20：29，引用日期：2021 年 2 月 23 日。

92　《淡水女学校》，刊于"淡水基督长老教会"网站：https://www.mackay.org.tw/ch/淡水女学校.html，引用日期：2021 年 2 月 27 日。另外参见《新北市私立淡江高级中学》，刊于"淡水维基馆"网站：http://tamsui.dils.tku.edu.tw/wiki/index.php/新北市私立淡江高级中学，发布日期：2020 年 2 月 7 日（周五）09：49，引用日期：2021 年 2 月 23 日。

开台湾橄榄球运动的序幕。橄榄球成为如今的私立淡江高级中学的精神象征。2003 年 3 月，为纪念台湾橄榄球开球八十周年，学校建有纪念碑和塑像。[93]

体育馆

体育馆建于民国十二年（大正十二年，1923 年），原称"男生体育馆"，造型模仿闽南式农宅。[94]日治时代称之为"风雨体操场"。体育馆为罗虔益来台完成的第一件建筑，曾用作加拿大长老会举办在台设教 50 周年和 60 周年庆典的大礼堂。体育馆正面配有三个马背造形的和鸟踏线，入口处采用三合院形式，上方设有气窗，由绿釉漏明陶砖六面组成。门楣采用观音石，交角处雕有雀替，两旁装设一对石雕垂花吊筒，用作灯座，具有庙宇建筑的风格。门上雕有淡中校徽和"体育馆"字样。体育馆内以订购自美国钢铁制造公司的 50 英尺大跨距钢桁架承载屋顶。体育馆在创校时馆名为 Gymnasium（即"体育馆"），民国二十五年（昭和十一年，1936 年）在日本接管学校时，改为武道馆。台湾地区领导人李登辉（1923-2020 年）曾在此习武。体育馆右前方的榕树群枝桠交错，蔚成奇观。[95]

马偕博士纪念图书馆与铜像

马偕博士纪念图书馆与铜像建于民国二十八年（昭和十三年，1939 年），为淡江校园仅存的日式建筑，由日人校长有坂一世（1890-1980 年）治校期间依让渡约定，为马偕博士建造纪念图书馆和铜像。图书馆本为一层楼建筑，后利用前女传教士杜姑娘的捐款加盖二楼。[96]图书馆因不敷使用，现已迁往现代大楼，目前用作国中艺能班教室。[97]

---

93 参见《新北市私立淡江高级中学》，刊于"淡水维基馆"网站：http：//tamsui.dils.tku. edu.tw/wiki/index.php/新北市私立淡江高级中学，发布日期：2020 年 2 月 7 日（周五）09：49，引用日期：2021 年 2 月 23 日。

94 参见《新北市私立淡江高级中学》，刊于"淡水维基馆"网站：http：//tamsui.dils.tku. edu.tw/wiki/index.php/新北市私立淡江高级中学，发布日期：2020 年 2 月 7 日（周五）09：49，引用日期：2021 年 2 月 23 日。

95 参见《淡江体育馆》，刊于"淡水基督长老教会"网站：https：//www.mackay.org.tw/ ch/tamkang_stadium.html，引用日期：2021 年 2 月 27 日。

96 参见《马偕博士记念图书馆》，刊于"淡水基督长老教会"网站：https：//www.mackay. org.tw/ch/mackay-library.html，引用日期：2021 年 2 月 27 日。

97参见《新北市私立淡江高级中学》，刊于"淡水维基馆"网站：http：//tamsui.dils.tku. edu.tw/wiki/index.php/新北市私立淡江高级中学，发布日期：2020 年 2 月 7 日（周五）09：49，引用日期：2021 年 2 月 23 日。

三、马偕行迹旧址

作为牛津学堂创办人的马偕，其在淡水的行迹，除了上述相关的遗存之外，另外还有 5 处简要概述如下。借此我们可以对马偕在整个淡水的活动形成一幅完整的图景。

马偕上陆地点

马偕上陆地点的现址为淡水邮局。此处是台湾省邮政发祥地之一。西邻为英商德忌利士洋行所属之道格拉斯（Douglas）轮船公司码头，有定期航班往来香港、汕头、打狗、安平，成为淡水和厦门间辐辏交通之地，为台湾重要的航运枢纽。同治十一年（1872 年）3 月 9 日下午三时，马偕在李庥（Hugh Richie, 1840-1879 年）、德马太陪同下搭该公司客轮"海龙号"在此处登陆。自此马偕以淡水为其宣教、医疗和教育基地，并择淡水为家，在此娶妻生子，去世后埋骨于斯土。2007 年，马偕艺术铜像竖立于此。[98]

马偕租屋发迹地

马偕租屋发迹地的山坡下古地名为"龙目井"。同治十一年（1872 年）马偕登陆淡水，4 月 10 日获英国领事和英商协助，在此向地主陈阿顺以月银 15 元租得废屋 1 所。此处即今台北淡水马偕街 24 号屋后。该陋室原为清代名将孙开华（1840-1893 年）提督的马厩。马偕以此处为其早期传教、医疗与教育基地。因传教工作需要，原建于此地的教堂与医馆迁出发展，但他一直以此地为家，直到光绪二年（1876 年）才搬往其炮台埔新建宿舍。[99]

沪尾偕医馆

沪尾偕医馆，原为马偕登陆北淡水（沪尾）的租屋，即今台北淡水马偕街 24 号。该建筑样式中西合璧，外观为闽南风格的平房，窗户采用西式圆拱窗，内部至今仍留有当时行医的手术台、药瓶等。[100]

---

98 参见《马偕上陆地点》，刊于"淡水基督长老教会"网站：https://www.mackay.org.tw/ch/%E9%A6%AC%E5%81%95%E5%8D%9A%E5%A3%AB%E7%99%BB%E9%99%B8%E5%9C%B0%E9%BB%9E.html，引用日期：2021 年 2 月 27 日。

99 参见《马偕租屋发迹地》，刊于"淡水基督长老教会"网站：https://www.mackay.org.tw/ch/马偕博士租屋发迹地.html，引用日期：2021 年 2 月 27 日。

100 亲历者编辑部编：《地铁客逛台北 Let》，北京：中国铁道出版社，2016 年 7 月第 1 版，第 98 页。

淡水礼拜堂

淡水礼拜堂是台湾北部新教的发祥地，最初由马偕创立。同治十一年（1872 年）马偕来台后在淡水登陆，在此租屋传教，后购屋改造为教堂，即现在的马偕街 8 号原址。民国四年（大正四年，1915 年）原礼拜堂改建为一所白色教堂；民国二十一年（昭和七年，1932 年）为纪念设立教堂 60 周年，再改建为富有中欧建筑特色的教堂，融合中国传统建筑风格，从而形成现今的面貌。此教堂由偕叡廉设计督建，于民国二十一年（昭和七年，1932 年）11 月开工，翌年 9 月完工，11 月行献堂礼拜。建筑采仿哥特式扶壁，柱头饰以小帽尖，四周开尖拱型窗户，以进口彩色玻璃透出庄严神圣的气氛。建筑内部采用加强砖造，上以大跨距的钢架托住屋顶。外墙使用来自松山的高品质红砖，砌出变化有序的壁面。右边的钟楼砌工精湛，造型直耸天际，宛如祷告的手。教堂内部的座椅、讲台、圣餐桌至今保持原样。百年古钟和老风琴、建堂沿革碑等成为台湾地区教会的重要文物。1998 年 8 月 29 日，经"台北县政府"指定为限定古迹。教堂西侧 50 公尺山坡下即是当年的马偕租屋处。[101]

马偕街[102]

马偕街古名为"龙目井"，是昔日沪尾街由新店口通往炮台埔到红毛城的古道。国民政府时代改名马偕街，现今位于新北市淡水区。[103]

附录一：理学堂大书院校长名录

理学堂大书院（1882-1884 年；1885-1893 年；1896-1901 年）
偕叡理：1882-1884 年；1885-1893 年；1896-1901 年

附录二：淡江中学校歌

当我们在歌唱着我们淡江校园（TMS），
我们不夸大不骄矜。

---

101 参见《淡水礼拜堂》，刊于"淡水基督长老教会"网站：https://www.mackay.org.tw/ch/淡水礼拜堂.html，引用日期：2021 年 2 月 27 日。

102 参见《马偕街》，刊于"淡水基督长老教会"网站：https://www.mackay.org.tw/ch/mackay-street.html，引用日期：2021 年 2 月 27 日。

103 参见《马偕大雕像》，刊于"淡水基督长老教会"网站：https://www.mackay.org.tw/ch/马偕博士大雕像.html，引用日期：2021 年 2 月 27 日。

她有她那不朽的荣誉作我们目的，

使我们卓然顶立。

导我们向前迈进，

我们的言说如誓约，

是鲜明而坚定，

行为是纯洁而真诚。

我们的心如皎日企望她荣誉增长，

与硕彦之长新。

啊淡江，

美哉淡江，

山环水绕海碧峰青，

啊淡江，

美哉淡江，

我将一心荣耀主名。

啊淡江，

美哉淡江，

山环水绕海碧峰青，

啊淡江，

美哉淡江，

我将一心荣耀主名。

第三章　天下同文：南伟烈大学

南伟烈大学

William Nast College

1901-1928 年

九江市浔阳区南湖路 34 号

第一节　九派江流去不转：九江与美北美以美会

现今的江西省九江市北滨长江，东含鄱阳湖，西接幕阜山，南倚庐山，在历史上有一所至今并不为人熟知的教会大学——南伟烈大学（William Nast College）。南伟烈大学是九江最早建立的大学，也是江西省历史上唯一一所教会大学。但是，若提及方志敏（1899-1935 年）曾于民国十年（1921 年）秋入读此教会大学，那么大陆的汉语读者可能会有强烈的兴趣。方志敏在大学图书馆阅读英文版的《资本论》和《共产党宣言》，对社会主义思想产生出浓厚的兴趣，读书期间参加"反基督教大同盟"活动，在校园内成立读书会和马克思主义研究小组，组织同学学习和探讨社会主义，因此得外号"社会主义"、"前进先生"；次年夏，方志敏主动停学离校到上海投身革命运动。[1]方志敏传记以及相关的中国革命史书籍在对此段历史的记述中都会提及南伟烈大学。[2]

---

[1] 缪敏：《方志敏同志在南伟烈大学》，原载《光明日报》一九六一年八月三日，收录于杭州大学历史系编辑：《中共党史教学参考资料：罗荣桓叶挺方志敏刘志丹同志革命活动专辑》，内部资料，1977 年，第 114-119 页；陈忠：《方志敏在九江南伟烈大学校》，收录于九江市浔阳区政协文史资料委员会编：《浔阳文史资料第 1 辑：名人与浔阳》，内部资料，1992 年，第 36-46 页。

[2] 郭慧峰、文兆仁编著：《文明中国书典：英雄中国》，太原：山西教育出版社，2012 年 3 月第 1 版，第 75 页；胡华主编：《中共党史人物传》，第 39 卷，中共党史人物研究会编，北京：中国人民大学出版，2017 年 7 月第 1 版，第 5-6 页。

如今的南伟烈大学遗存所在地同文中学校园内有一座方志敏塑像，以表纪念。[3]

南伟烈大学位于现九江市浔阳区美丽的甘棠湖畔。甘棠湖坐落于九江市中心，与齐鲁大学所在地济南的大明湖同属于典型的城中湖，面积 80 万平方米，由庐山泉水注入而成。湖中筑有 50 米长堤，堤上建有宋代所建的思贤桥。湖中的烟水亭建于唐元和十一至十三年（816-818 年），相传为三国时周瑜（175-210 年）点将台旧址，现存址为 1972 年修复，有船厅、纯阳殿、翠照轩、五贤阁、燕会亭、镜波楼等建筑，亭前有石剑匣二座。[4]甘棠湖所在的九江市作为行政区划始于秦。秦王政二十六年（前 221 年），秦始皇统一六国，分天下为 36 郡，九江郡为其中之一。自秦设郡，九江历史上有九江、柴桑、汝南、江州、浔城、浔阳、德化等名。[5]在历史上，九江（Kinkiang）与浔阳之间在建制隶属关系上经历了浔阳辖九江到九江辖浔阳的过程。如今的九江市辖区浔阳区位于市区北部，为九江市党政机关所在地。唐武德四年（621 年）分浔城置浔阳县。南唐升元三年（939 年），浔阳县改为德化县。明清时期，德化县隶属九江郡。至民国三年（1914 年），为避与福建、四川的德化县同名而改为九江县，隶属浔阳道。九江设市始于民国六年（1917 年），时市域范围小，仅限九江市域区。1949 年 5 月 17 日九江解放，人民政府设九江市，为县级市，归九江专区所辖。1980 年 3 月 28 日，经国务院批准，九江市从九江专区划出，升格为省辖市，下辖由原县级九江市改置的浔阳区以及庐山、郊区等三个单位。1983 年，九江市与九江专区合并，设立新的省辖九江市。[6]从上述简史来看，现今的浔阳区自唐以降原为历史上的浔阳县、德化县、九江县、九江市（县级）辖地。清末民初的南伟烈大学（1901-1928 年）永久性校址所在行政区域实际上先后名为德化县（1901-1914 年）、九江县（1914-1917 年）、九江市（1917-1928 年）。本文按照建制时序使用九江之名。

3　《开国英模》编委会编：《开国英模》，第 2 辑，青少年版，天津：天津教育出版社，2011 年 1 月第 1 版，第 61 页。

4　崔钟雷主编：《中国国家地理百科》，哈尔滨：哈尔滨出版社，2009 年 4 月第 1 版，第 218 页。

5　吴畏编著：《赣舆浅图：概说江西八十古县》，南昌：百花洲文艺出版社，2012 年 2 月第 1 版，第 208-209 页。

6　吴畏编著：《赣舆浅图：概说江西八十古县》，同上，第 206 页。

美北美以美会属于新教的循道会（又译"卫理公会"，The Methodist Church）。18 世纪上半叶由原英格兰圣公会牧师约翰·卫斯理（John Wesley, 1703-1791 年）创建于英国。1784 年（乾隆四十九年）12 月 24 日，美国独立战争（American Revolutionary War, 1775-1783 年）结束不久，美国循道会（The Methodist Episcopal Church）在马里兰州巴尔的摩成立，成为美国的循道会脱离英国母会正式成为一个独立宗派的标志。亚斯立（又译"亚斯理"，Francis Asbury，1747-1814 年）被选为首任会督。[7]以他的名字命名的亚斯立堂是美北美以美会在北京设立的第一座教堂。1792 年（乾隆五十七年），美国循道会第一次全国代表会议召开。美国循道会在 19 世纪由于对平信徒在教会中的作用以及对奴隶制的态度不同而发生分裂。1828 年（道光八年），其中坚持会友代表权的一派脱离而另立门户，形成 The Methodist Protestant Church（简称 MPC），传入中国后取前两个单词首音节音译为"美普会"（1828-1939 年）。在美国奴隶制大辩论中，北部各州循道会反对奴隶制，主张解放黑奴；南方各州循道会则为奴隶制的合理性提供辩护。这次大辩论导致 1844 年（光绪二十四年）大分裂，北方的循道会保持原名 The Methodist Episcopal Church（1844-1939 年），被汉译为"美以美会"。美以美会的英文名直译为中文是"会督制循道会"，中文名根据其差会的英文名 Methodist Episcopal Mission（简称 MEM），取三个单词首音节音译而来。为了区别于美南监理会，本文将之称为"美北美以美会"。南方的循道会在原名上加上"South"即南方以示区别，改为 The Methodist Episcopal Church, South, 汉译为"监理会"、"监理公会"。为了区别于美北美以美会，本书称之为"美南监理会"。20 世纪以来，美国的循道会各派教义分歧已渐消失，出现联合运动。1939 年（民国二十八年）5 月 10 日，在密苏里州堪萨斯城召开的联合大会上，美北美以美会、美南监理会与美普会合并组成联合卫理公会（The United Methodist Church）。[8]美国循道会采用会督制，会督由教会总议会选举产生，总议会每 4 年举行一次，下设教区年会议及地区会议。英国循道会多不赞成会督制，由选举产生的平

7　[美]布鲁斯·L.雪莱（Bruce Leon Shelley）：《基督教会史》（*Church History in Plain Language*）（第三版），刘平译，上海：上海人民出版社，2016 年 8 月第 1 版，第 346 页。亚斯立，在此译为"芳兰西斯·阿斯伯里"。

8　赵匡为主编：《简明宗教辞典》，上海：上海辞书出版社，2006 年 11 月第 1 版，第 166-167 页。

教徒和教士组成全国总议会，在教义、圣职和礼仪上指导地区和地方堂会；圣礼由牧师主持，其他礼仪可由没有圣职的平信徒"传道人"主持，所有圣职人员一律平等。[9]在中国近现代史上，先后有 9 个来自英、美、加的循道会差会来华传教[10]。民国三十年（1941 年），在华循道会各差会合并成立协调行动机构"中华基督教卫理公会"；[11]中华人民共和国成立后，国外循道会差会停止在中国大陆的活动。[12]

早在道光二十七年（1847 年），美北美以美会来华传教，首至福建，后到江西、北京、天津、四川；20 世纪上半叶，建立福州年会、江西年会、北京年会和四川年会。[13]从清末到民国的中国教会大学中，美北美以美会先后独立创建 7 所：南京的汇文书院，宣统三年（1911 年）与其它教会学校合并发展成为南京的金陵大学；北京的汇文大学，民国五年（1916 年）与其它两所教会学校合并为燕京大学；南京的金陵女子大学；成都的华西协合大学；福州的福建协和大学；北京的华北协和女子学院[14]，以及宁波的斐迪大学。

---

9 王神荫等撰：《简明基督教百科全书》，上海：中国大百科全书出版社上海分社，1992 年 1 月第 1 版，第 396 页。

10 简要信息参见罗伟虹主编：《中国基督教（新教）史》，同上，1992 年 1 月第 1 版，第 149-161 页。另外参见于可主编：《世界三大宗教及其流派》，长沙：湖南人民出版社，2001 年 10 月第 2 版，第 227 页，该书认为有 8 个循道会教会在华传教。

11 文庸、乐峰、王继武主编：《基督教词典》，北京：商务印书馆，2005 年 2 月第 1 版，第 330-331 页。

12 关于美国循道会/卫理公会在华传教历史，参见[美]力维弢（Walter Nind Lacy）：《美以美会在华一百年》（*A Hundred of China Methodism*），New York，Nashville：Abingdon-Cokesbury Press，1948 年。

13 于可主编：《世界三大宗教及其流派》，同上，第 227 页。

14 《〔美〕力维弢记美以美会在华的学校教育工作》，郑庭椿译自[美]力维弢（Walter Nind Lacy）：《美以美会在华一百年》，同上，第 155-164 页，转引自朱有瓛、高时良主编：《中国近代学制史料》，第 4 辑，上海：华东师范大学出版社，1993 年 6 月第 1 版，第 197-207 页。力维弢记述的数据为 6 家，没有将宁波的斐迪大学计算在内。

第二节 天下同文：南伟烈大学的创立与转型

埠阆学塾（1867-1882 年）

赫斐秋（左）与峨眉山道长的合影。[15]

自咸丰八年（1858 年）第二次鸦片战争结束签订《天津条约》之后，时辖德化县的九江郡，与镇江、汉口一起开埠通商。赫斐秋（或作"何崇道"，Virgil Chittenden Hart，1840-1904 年）[16]，从美国西北大学（Northwestern

---

15 [加]赫爱德（Edgerton Ives Hart）：《赫斐秋：传教政治家及华中、华西美国和加拿大传教奠基人》（*Virgil C. Hart : Missionary Statesman, Founder of the American and Canadian Missions in Central and West China*），Toronto: McClelland, 1917 年。图片取自该书扉页。

16 参见[加]赫爱德（Edgerton Ives Hart）：《赫斐秋：传教政治家及华中、华西美国和加拿大传教奠基人》（*Virgil C. Hart : Missionary Statesman, Founder of the American*

University）毕业后入读加勒特圣经学院（Garrett Biblical Institute），获神学学士学位。同治五年（1866 年），赫斐秋担任美北美以美会传教士，携妻艾德琳（Adeline Gilliland Hart，？-1915 年）来华开展近 40 的布道兴学之行，先驻福州，担任福州年会布道使[17]；次年[18]由美北美以美会华中布道会（Central China Mission of the Methodist Episcopal Church）奉派，与陶理西（或作"卓兴爱"、"陶理"，Elbert S. Todd，1845-1919 年）及其夫人陶肖纳尼（Nannie Emma Shaw Todd）赴德化[19]，在城外百余里布道，在德化租界地城外土桥口（现溢浦路）建立教堂与教室，创办埠阆学塾（Fowler Institute）[20]，属于小学性质。英文校名以当时担任美北美以美会会督的傅罗（又译"卓查理"，Charles Henry Fowler，1837-1908 年）之名命名。德化成为美北美以美会在福建以外开辟的第一个传教点。[21]

---

and Canadian Missions in Central and West China），同上；徐杉：《外来文明的印记 中国·嘉定往事》，成都：四川大学出版社，2017 年 3 月第 1 版，第 2-20 页。

17 参见黄光域编：《基督教传行中国纪年（1807-1949）》，桂林：广西师范大学出版社，2010 年 1 月第 1 版，2017 年 8 月第 2 版，第 39 页。

18 或记为同治六年（1867 年）来华。参见黄光域编：《基督教传行中国纪年（1807-1949）》，同上，第 39 页。

19 黄光域编：《基督教传行中国纪年（1807-1949）》，同上，第 39 页。

20 黄光域编：《基督教传行中国纪年（1807-1949）》，同上，第 40 页。

21 美北美以美会成为第一个进入九江的新教教会。鄂东黄梅、广济、武穴等为赫斐秋的责任地，隶属福州年会。同治八年（1869 年），美北美以美会将在华教会分为福州、德化、北京三区，赫斐秋主理以德化为中心的江西教区。光绪九年（1883 年），赫斐秋在安徽芜湖购西乡下五铺弋矶山房基一块筹办医馆，不久先后至镇江、南京开拓，建立华中教区。光绪十三年（1887 年）奉来华巡视的会督傅罗之命，赫斐秋赴华西重建因教案中断的布道工作；同年与会督在九江参加华中年会后因病取道上海回美国旧金山，嗣与家人在加拿大团聚。1889 年（光绪十五年），赫斐秋以健康不佳向总部请辞华中和华西教会之职，并脱离美北美以美会。1891 年（光绪十七年），赫斐秋受加拿大英美会（The General Board of Missions of the Methodist Church of Canada）之派，偕妻率传教医师一行 8 人来华开教，拟在四川立会设堂，因长江流域发生教案而滞留上海数月。赫斐秋又成为该会在华第一位传教士，也成为加拿大第一批前往四川的传教士。光绪十八年（1892 年），他们由上海赴成都，隔年赫斐秋等在四圣祠北街 12 号的民房设教堂即四圣祠礼拜堂，施医兴学以辅布道。赫斐秋创办的西医诊所是川西史上最早的西医医院，后更名为仁济医院，成为现今的四川大学华西医院前身。光绪二十一年（1895 年），教堂及附属房屋被民众捣毁，获当局赔偿后迅速恢复布道。光绪二十三年（1897 年），赫斐秋在四川乐山嘉定开办西南第一家现代印刷出版机构嘉定教文馆，并亲主其事，服务于川滇黔所有教会客户。1904 年（光绪三十年），赫斐秋卒于加拿大多伦多。赫斐秋是英国皇家亚洲学会会员，获得神学博士学位，著有《华西：

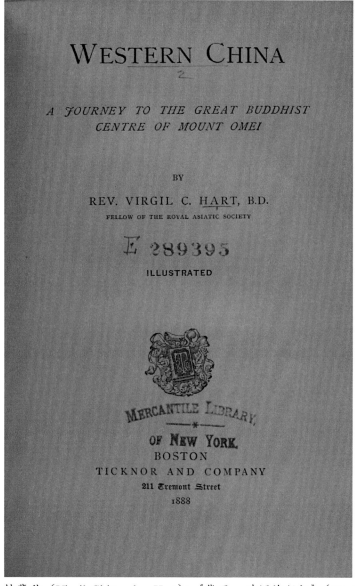

赫斐秋（Virgil Chittenden Hart）：《华西：峨嵋旅行记》（*West China：A Journal to the Great Buddhist Centre of Mount Omei*），Boston：Ticknor and Company，1888 年。

峨嵋旅行记》（*West China：A Journal to the Great Buddhist Centre of Mount Omei*）（1888 年）一书。其妻于 1915 年（民国四年）病故于纽约。民国九年（1920 年），加拿大英美会为纪念赫斐秋，在华西协合大学即现四川大学华西校区内捐建赫斐院（The Hart College，又名"赫斐楼""合德堂"）。赫斐院中部为六层塔楼。赫斐院现为四川大学华西校区外文系办公楼与教学楼。

九江女塾（1873-1876 年）

桑林书院（1876-1907 年）

儒励女子中学（1907-1951）

　　美北美以美会女布道会（又译"美以美会妇女外洋布道团"，Woman's Foreign Missionary Society of the Methodist Episcopal Church）传教士昊格矩（Gertrude Howe，1847-1928 年）被誉为美北美以美会女布道会西渡第一人。她毕业于密歇根州立师范学校（Michigan Sate Narmal School），并获得密歇根大学（University of Michigan）颁发的医学资格证书[22]。同治十一年（1872 年）冬，她与贺路绥（Lucy H. Hoag，1844-1909 年）抵达德化。[23]次年初，她们在德化城外江边土桥口（今庐山路北端）租广屋数间，开设半日制女子寄宿小学"九江女塾"（Kiukiang Girl's Boarding School）。昊格矩主持校务。其宗旨为："造就女子文明资格，养成女子高尚程度，使其学识足于服务社会，得与男子同享权利，不复有轻重之别也"。[24]九江女塾为寄宿制义塾，采取"学费不收，衣食均仰于校"的招生措施。[25]最初的报名者仅 2 人，系该校中国教员亲戚。首届也仅招 2 名学生。[26]这所女子寄宿学校后与南伟烈大学建立之前以及之后

22　《昊格矩，1847-1928 年：华人妇女传教倡议人》（Gertrude Howe，1847-1928，Missionary Advocate For Chinese Women），刊于"波士顿大学神学院"（School of Theology，Boston University）官方网站：http：//www.bu.edu/missiology/2020/03/02/howard-gertrude-1847-1928/，引用日期：2021 年元月 20 日。拉库爷爷的博客：《昊格矩（Gertrude Howe，1846-1928）》，刊于"新浪博客"网站：http：//blog.sina.com.cn/s/blog_44a823a80102xu2r.html，发布日期：2018-09-26 17：08：13，引用日期：2021 年元月 20 日，此处误将昊格矩的出生年代定为光绪二十六年（1846 年）。特别参见张素玲：《文化、性别与女学生——近代中国女子高等教育：1900 年代至 1930 年代》，北京：教育科学出版社，2007 年 12 月第 1 版，第 25 页。

23　黄光域编：《基督教传行中国纪年（1807-1949）》，同上，第 50 页。

24　参见浔阳区文化教育局、浔阳区教育学会编：《九江市浔阳区直属小学校史汇编》，内部资料，1999 年 10 月，第 97-98 页；李宏恩：《儒励女中八十年)，收录于中国人民政治协商会议九江市委员会文史资料研究委员会编：《九江文史资料选辑》第 6 辑，内部资料，1992 年，第 56-59 页，特别参见第 56 页。

25　浔阳区文化教育局、浔阳区教育学会编：《九江市浔阳区直属小学校史汇编》，同上，第 98 页；李宏恩：《儒励女中八十年)，同上，第 56 页。

26　浔阳区文化教育局、浔阳区教育学会编：《九江市浔阳区直属小学校史汇编》，同上，第 98 页，李宏恩：《儒励女中八十年)，同上，第 56 页。吴翼鉴：《谈教会学校在九江近现代教育史中的地位与影响——以同文中学、儒励女中为代表的综述》，收录于吴翼鉴：《吴翼鉴教育文集》，南昌：江西高校出版社，2004 年 12 月第 1 版，第 442 页。

的学校之间存在着紧密的交集。两所教会学校不仅永久性校址毗邻，一度联合办学，并最终合并，而且在师资上也有联系，为此先作历史铺垫。

九江女塾于光绪二年（1876 年）迁至城内南门口能仁寺（Nengren Si 或 Ngn Ren Tsz）西南（今庾亮南路 46 号），即现今同文中学内的儒励女中旧址。迁址后因有桑树 20 多株（今为九江市双峰小学校址），这所学校更名为"桑林书院"（Mulberry Grove Academy）。越年，小学楼房 1 栋落成，小学教育初具胚形。至光绪九年（1883 年），学校有在校生 50 人。[27]光绪九年（1883 年）昊格矩离德化转赴重庆，后于光绪十二年（1886 年）辗转重返德化，再次主掌桑林书院。[28]在昊格矩暂时离校期间，校务由库思非（Carl Frederick Kupfer，1852-1925 年）之妻库丽迪（Lydia Esther Krill Kupfer，1860-1944 年，1883-1886 年长校）负责。[29]

终身未婚的昊格矩为此后的儒励女子中学奠定了仁爱服务的气质和追求卓越的精神。她在任 22 年期间（1873-1883 年；1886-1898 年），培养出 5 名高中毕业生，被誉为"五朵金花"，其中包括中国最早的留美女学生、昊格矩的养女康成（Kang Cheng, 1873-1931 年, 原名 Ida Kahn），又名康爱德（Kang Aide）[30]，以及牧师之女石美玉（Shi Meiyu, 1873-1954 年, 英文名 Mary Stone）[31]。她们是中国医学界令人景仰的先驱。昊格矩于光绪十八年（1892 年）选

---

27 李宏恩：《儒励女中八十年），同上，第 56 页。

28 胡缨：《历史书写与新女性形象的初立：从梁启超〈记江西康女士〉一文谈起》，收录于伊沛霞、姚平主编，姚平本卷主编：《当代西方汉学研究集萃·妇女史卷》，上海：上海古籍出版社，2016 年 4 月第 1 版，第 276 页。

29 参见枣木夹子：《美以美会在九江》，刊于"博客园"网站：https://www.cnblogs.com/wildabc/p/4002679.html，发布日期：2014-09-30 21：01，引用日期：2021 年元月 21 日。库丽迪的简要生平参见 https://www.wvgenweb.org/marshall/obitk.htm，引用日期：2021 年元月 21 日。库思非去世后，库丽迪与自己的一个女儿生活在上海，民国三十三年（1944 年）在上海去世，享年 84 岁。

30 有关康爱德的简要传记，参见张素玲：《文化、性别与女学生——近代中国女子高等教育：1900 年代至 1930 年代》，同上，第 24-30 页。

31 [美]李可柔（Carol Lee Hamrin）、毕乐思（Stacey Bieler）编著：《光与盐：探索近代中国改革的十位基督徒名人》（*Salt and Light: Lives and Faith that Shaped Modern China*），第 1 卷，刘红、单传航、王文宗译，北京：中国档案出版社，2009 年 8 月第 1 版，其中的"第三章石美玉（1873-1954）：中国医学界最早留学美国的女医生"，施康妮（Connie Shemo）著，第 49-62 页。另外有新的版本可参考：[美]李可柔（Carol Lee Hamrin）、毕乐思（Stacey Bieler）编著：《光与盐：探索近代中国改革的十位基督徒名人》，北京：团结出版社，2014 年 12 月第 1 版。

送 5 位中国学生进入她的母校密歇根大学医学院（Medical School of Michigan University）学习。其中的康成与石美玉 4 年后以优异成绩毕业。光绪二十二年（1896 年），昊格矩在桑林书院内开办诊所；[33]康成、石美玉从美学成回德化，在桑林书院的诊所从医。她们在德化开展医疗工作之同时，也在南伟烈大学的前身同文书院从事教学活动。

石美玉及其英文签名，1910 年。[32]

与昊格矩同抵德化的贺路绥也是美北美以美会传教士、女医生，著有《全体功用》（1887）、《全体入门问答》（1902 年，上海美华书馆）等医学专著[34]。贺路绥与昊格矩共同开设九江女塾。光绪十年（1884 年）3 月 36 日复活节，贺路绥与诺冰心（或作"偌君"，Mary C．Robinson）由德化到镇江，在镇江银山门基督教堂创立女子中学，取名镇江私立女子学堂，亦称镇江教会学堂，后改为崇实女子中学，诺冰心任校长（1884-1906 年在任）[35]。诺

32 [美]裴敬思（Edward Carter Perkins）：《一窥中国之心》（*A Glimpse of the Heart of China*），New York，Chicago，Toronto，London and Edinburgh：Fleming H. Revell Company，1911 年。图片取自该书正文前插图。

33 昊格矩翻译大量著作，其中包括《美以美会赞美诗》（*Methodist Hymn Book*），编辑《中国改革史》（*The History of the Reformation in Chinese*）。晚年昊格矩至南昌与康成生活，民国十七年（1928 年）去世。参见《昊格矩，1847-1928 年：华人妇女传教倡议人》（Gertrude Howe，1847-1928，Missionary Advocate For Chinese Women），刊于"波士顿大学神学院"（School of Theology，Boston University）官方网站：http://www.bu.edu/missiology/2020/03/02/howard-gertrude-1847-1928/，引用日期：2021 年元月 20 日。

34 吴义雄：《从全体学到生理学：基督教传教士与晚清时期西方人体生理知识在中国的传播》，收录于刘天路编：《身体·灵魂·自然：中国基督教与医疗、社会事业研究》，上海：上海人民出版社，2010 年 5 月第 1 版，第 261-262 页。

35 镇江市二中校史编写组：《私立崇实女子中学始末》，收录于中国人民政治协商会

贝尔文学奖获得者赛珍珠（Pearl S. Buck，1892-1973 年）曾在此就读。[36]

光绪二十四年（1898 年）昊格矩辞监督即校长之职[37]。同年，美北美以美会传教士李恺德[38]（又作"李恺悌"[39]，Clara E. Merrill）继任桑林书院校长，改半日制女校为全日制学校。

桑林书院于光绪三十三年（1907 年）更名为"儒励女子中学"（Rulision-Fish Memorial High School，简称"儒励女中"），以萨丽·安·儒励-费什（Sally Ann Rulison-Fish，1833-1902 年）女士命名。她是当时美国密歇根州有名的美北美以美会多家传教活动的组织者和传教刊物出版人、副主笔。儒励在州政府年议会上提议将感恩节募捐所得捐赠德化发展女校。继续长校的李恺德 5 次往返中美，筹集巨款，广延师资，购置设备，于光绪三十三年（1907 年）建成中学大楼 1 栋[40]。此建筑保存至今。在李恺德长校期间，学校已经发展成含括初级小学至高级中学的较为完整的办学体系与严谨的教学体制，共设 12 个年级，其中初小 4 年，高小 2 年，初中、高中各 3 年，师生总数达 400 余人。[41]

议江苏省镇江市委员会文史资料研究委员会编：《镇江文史资料》，第 14 辑，内部资料，1988 年，第 135-152 页，特别参见第 135-136 页。

36 刘龙、王玉国编著：《赛珍珠：写中国题材获诺贝尔文学奖的美国女作家》（修订本），合肥：黄山书社，1993 年 11 月第 1 版，第 12 页。

37 此后，光绪二十九年（1903 年）昊格矩携华裔传教医师、自己的养女康成从德化转南昌，开办诊所，称康济医馆，即现今南昌妇幼医院的发端。光绪三十四年（1908 年），昊格矩又在德化先后创办"化善堂日学"、"后街福音堂小学"，另外在二马路南端建立 1 所完全小学。这 3 所小学，与宣统二年（1910 年）由美北美以美会女布道会在龙山路建立的女子日学，先后改称"翘志小学"、"翘材小学"、"翘秀小学"和"翘德小学"，简称"四翘"。日寇侵占九江后，四翘被迫停办 10 年。抗战胜利后复校，四翘改称"私立四翘联合小学"。解放后，翘志小学、翘材小学分别并入现在的柴桑小学、东风小学，翘秀小学、翘德小学则分别改造为今日的滨兴小学、龙山小学。参见浔阳区文化教育局、浔阳区教育学会编：《九江市浔阳区直属小学校史汇编》，同上，第 98 页。

38 中文第二个字也有作"凯"。参见吴翼鉴：《谈教会学校在九江近现代教育史中的地位与影响——以同文中学、儒励女中为代表的综述》，收录于吴翼鉴：《吴翼鉴教育文集》，同上，第 442 页。

39 谢军总纂，张国培、何明栋主编：《江西省志95：江西省宗教志》，江西省地方志编纂委员会编，北京：方志出版社，2003 年 4 月第 1 版，第 364 页。

40 李宏恩：《儒励女中八十年），同上，第 57 页。

41 李宏恩：《儒励女中八十年），同上，第 57 页。另外参见刘新发主编：《崇儒励学天下同文——九江同文（儒励）中学校志》，南昌：江西高校出版社，2007 年 10 月第 1 版，第 31 页。

儒励女中重求务实，定校训为：真实必胜虚浮（esse quam vider），规定培养宗旨为："不仅发展女子之智育，并发达其体育与重大之德育；要使女子知道，所得学校之益，非为个人之名利将来……须施及同类，以谋社会之幸福。"[42]在训育上，儒励女中以基督信仰为精神支柱，培养学生"博爱"、"献身"、"服务"之德操；在教学上，以国外同级学校为基准，从严治学，课程开设文、理、育、体共有 12 科，各年级不一。石美玉为该校第一届毕业生。[43]

继李恺德（1907-1928 年在任）之后，自民国十七年（1928 年）儒励女中由华人担任校长：第一任校长吴懋诚（Grace Wu/Mao-Cheng Wu，？-1952 年），第二任校长聂灵瑜，第三任校长胡自华（Hu Zihua 或 Hu Tze-hwa），第四任校长吴懋诚（1933-1950 年在任）[44]。吴懋诚是儒励女中第一位也是最后一任华人校长。[45]九江人吴懋诚于民国四年（1915 年）从儒励女中毕业后，进入金陵女子文理学院学习，获学士学位，后赴美国明尼苏达大学深造，获硕士学位后返国。吴懋诚担任中学校长职至 20 世纪 50 年代初。她主持校务前后 24 年，一生未婚，以校为家。民国二十九年（1930 年），儒励女中向江西省教育厅立案并上报国民政府教育部备案，改由私人续办。[46]

同文书院（1882-1901 年）

另一方面，美北美以美会于同治十一年（1872 年）开始在德化城内南门口甘棠湖畔肖家壁一带选新校址[47]。光绪七年（1881 年）初，美北美以美会传教士卡特（Thomas C. Carter）掌管埠阆学塾校务，年底因病离开。[48]刚到上海的德裔美北美以美会传教士库思非，又名"苦夫"[49]，由会督鲍曼（Thomas

---

42 李宏恩：《儒励女中八十年），同上，第 58 页。

43 李宏恩：《儒励女中八十年），同上，第 58 页。

44 谢军总纂，张国培、何明栋主编：《江西省志 95：江西省宗教志》，同上，第 364 页。此段时期（1928-1933 年）校长任期不明，有待考证。

45 李宏恩：《儒励女中八十年），同上，第 58 页。此处认为，民国十七年（1928 年），吴懋诚从美国明尼苏达大学获得硕士学位后回国继李恺德任首任华人校长。

46 李宏恩：《儒励女中八十年），同上，第 58 页。

47 李恩宏：《百年树人话"同文"》，收录于中国人民政治协商会议九江市委员会文史资料研究委员会编：《九江文史资料选辑》，第 6 辑，政协九江市委员会文史资料研究委员会印，内部资料，1992 年，第 46 页。

48 参见枣木夹子：《美以美会在九江》，刊于"博客园"网站：https：//www.cnblogs.com/wildabc/p/4002679.html，发布日期：2014-09-30 21：01，引用日期：2021 年元月 21 日。

49 周川主编：《中国近现代高等教育人物辞典》（Biographical Dictionary of Higher

Bowman，1817-1914 年）安排接手埠阆学塾校务。次年初[50]，库思非抵达德化。因办学规模不断扩大，库思非在南门口甘棠湖畔的新校址上广植花草，开辟操场，建筑校舍，增加办学设备，正式兴办男子中等学校。库思非在原埠阆学塾基础上增设中学部，形成小学、中学两级体制学校。中文校名定为"同文书院"，[51]取《中庸》中"普天之下，车同轨，书同文"之意。英文校名以当时担任布道总会秘书（Secretary of the Missionary Society）的傅罗之名命名为 Fowler University，即傅罗大学，实际上为附设小学的中学。学校开设英语课程，是中国最早开展外语教育的普通学校之一。是年，美北美以美会开始在庐山营造建筑，作避暑疗养用。后在庐山大量购地开发的李德立（Edward Selby Little，1864-1939 年）[52]和美国圣经公会的海格思（又译"海克斯"、"约翰·雷塞德"，John Reside Hykes，1852-1921 年）[53]均为美北美以美会传教士。李德立以此地凉爽（cool）适宜度假而取名"牯岭"（Kuling）。牯岭成为美北美以美会等教会差会传教士的休养之地。[54]

　　光绪十年（1884 年），同文书院迁到德化城墙南门新校址，即现在的同文中学校址，与桑林书院相邻，并将英文校名中名不副实的 University（大学）改为 Institute（书院）：Fowler Institute（傅罗书院）。

　　已擢升为会督（Episcopacy，1884 年）的傅罗于光绪十四年（1888 年）来华，巡察各地传教工作，认为不宜用己名命名德化这所男校，将英文校名从 Fowler Institute 改为 Kiukiang Institute，即九江书院。同年，库思非转驻江苏镇江，隔年在西门大街南侧购地建造福音堂。该堂为砖木结构，坐南朝北，

Education in Modern China），增订本，福州：海峡出版发行集团，福建教育出版社，2018 年 10 月第 2 版，第 711 页。库思非又译为"库斯非"（参见李恩宏：《百年树人话"同文"》，同上，第 46 页）、"库思飞"等。

50 参见黄光域编：《基督教传行中国纪年（1807-1949）》，同上，第 75 页，记为光绪七年（1881 年）由库思非迁校址至甘棠湖畔。

51 李恩宏：《百年树人话"同文"》，同上，第 46 页。

52 慕德华编著：《牯岭创始人李德立的故事》，南昌：江西教育出版社，2016 年 4 月第 1 版。

53 中国社会科学院近代史研究所翻译室：《近代来华外国人名辞典》，北京：中国社会科学出版社，1981 年 12 月第 1 版，第 225 页。参见[美]金多士（Gilbert McIntos）：《在华传教士出版简史》（*The Mission Press in China*），北京：中央编译出版社，2017 年 12 月第 1 版，第 112 页注释 2。

54 李乡状主编：《世界文化遗产》，长春：吉林文史出版社，长春：吉林大学出版社，2005 年 10 月第 1 版，第 110 页。

可容 700 余人，院落占地 4.4 亩。1896 年（光绪二十二年）库思非获美国雪城大学（Syracuse University，又译"色拉扣司大学"）哲学博士学位；1901 年（光绪二十七年）复返德化，主掌由同文书院升格的南伟烈大学。[55]

光绪十四至二十五年（1888-1899 年），当时为美北美以美会传教士的英籍美国人翟雅各（James Jackson，1851-1918 年）接续库思非，担任同文书院院长，并在此期间加入英国伦敦会。[56]光绪二十六年（1900 年），翟雅各从美北美以美会辞职，加入美国圣公会，在上海圣约翰大学短期执教。光绪二十七年（1901 年）他被任命为美国圣公会在武昌创办的文华书院（Boone University）院长。[57]继翟雅各之后，美北美以美会派遣杰西· F. 纽曼（Jesse F. Newman，1899-1901 年在任）治理同文书院。[58]

南伟烈大学（1901-1928 年）

南伟烈大学大学部（1901-1917 年）

南伟烈大学中学部暨小学部（1901-1929 年）

南伟烈大学神学部（1909-1911 年）

同文书院于光绪二十七年（1901 年）[59]更名为"南伟烈大学"，同时英文校名从 Kiukiang Institute 改为 William Nast College，即"南伟烈学院"。在中文中，这所学校也被称为"同文大学"。南伟烈大学开始筹划设置高等教育课程，在已有的小学与中学办学基础之上，开设小学部、中学部、神学部、大学部四组，学制分别为小学 3 年、中学 4 年、神学 2 年、大学 2 年。南伟

---

55 拉库爷爷的博客：《库思非》，刊于"新浪博客"网站：http://blog.sina.com.cn/s/blog_ 44a823a80102y7co.html，发布日期：2018-11-26 10：35：08，引用日期：2021 年元月 20 日。

56 胡榴明：《昙华林》，武汉：武汉大学出版社，2016 年 11 月第 1 版，第 109 页。

57 在他主持下，文华书院取得很大发展，光绪二十九年（1903 年）开设大学课程，宣统元年（1909 年）在美国注册为文华大学，民国四年（1915 年）始授硕士学位。民国六年（1917 年），翟雅各退休至九江居住，次年在九江去世。为纪念他，文华大学将新建的体育馆命名为"翟雅各健身所"。该建筑保存至今。参见胡榴明：《昙华林》，同上，第 108-110 页；许颖、马志亮：《武昌老建筑》，武汉：武汉出版社，2019 年 3 月第 1 版，第 168-169 页。

58 参见枣木夹子：《美以美会在九江》，刊于"博客园"网站：https://www.cnblogs.com/wildabc/p/4002679.html，发布日期：2014-09-30 21：01，引用日期：2021 年元月 21 日。

59 参见《九江市二中》，收录于张伊主编：《江西学府志》，《江西学府志》编辑委员会编，北京：中共中央党校出版社，1993 年 5 月第 1 版，第 359 页，认为易名年代为光绪三十一年（1905 年）。

烈（William Nast, 1807-1899 年），德裔美国人，是德裔美国美以美会（German-American Methodist Church）的创建人和领导人，在美北美以美会中最早使用德语传教，建立由讲德语的移民组成的年议会，并组织向欧洲德语地区传教。德化的这所教会学校因长期得到这些使用德语的年议会的帮助，在南伟烈去世后，为表纪念，以他的名字命名这所新建的高等学府。原担任同文书院院长的库思非就来自使用德语的美北美以美会，自学校改名后，出任南伟烈大学校长。南伟烈大学初建时只设小学部、中学部与大学部，大学部只提供 2 年制大学专科课程。至光绪三十一年（1905 年），南伟烈大学大学课程已经达到美国学院程度，但离真正的大学水准差距甚大。[60]

　　校长库思非[61]于光绪二十七年（1901 年）在新校址挖地基时，挖出三大坛唐开元通宝，由慕大闛（David Hastings Moore, 1838-1915 年）会督将古钱拿到美国换得巨款[62]，加上从美国教会筹集的资金，开始筹建教学楼。[63]慕大闛出生于美国俄亥俄州雅典郡（Athens County, Ohio）；在美北美以美会总会 1900 年（光绪二十六年）大会（1900 General Conference）上被推选为会督，负责中国、日本与朝鲜传教工作 4 年。[64]光绪三十二年（1906 年），四层教学楼"穆思堂"落成，即今九江二中的旧教学楼"同文书院楼"。

　　在南伟烈大学工作的美北美以美会传教士中有德裔美国人、著名阳明学学者恒吉（又译"弗雷德里克・亨克"，Frederick Goodrich Henke, 1876-1963 年）。他与中国教会大学关系密切。光绪二十六年（1900 年），他以美北美以美会传教士身份来华，次年到德化传教。恒吉先于光绪三十年（1904 年）任南伟烈大学副校长。光绪三十三年（1907 年），恒吉回美继续深造，1910 年（宣统二年）在芝加哥大学获哲学博士学位后再次来华，在新成立的金陵大学任哲学及心理

60 参见枣木夹子：《美以美会在九江》，刊于"博客园"网站：https：//www.cnblogs.com/wildabc/p/4002679.html，发布日期：2014-09-30 21：01，引用日期：2021 年元月 21 日。

61 另有资料认为有另外一位名叫"大卫・摩尔"的人挖出。参见刘新发主编：《崇儒励学 天下同文——九江同文（儒励）中学校志》，同上，第 472 页。但是，"大卫・摩尔"以及"台维得・摩尔主教"即慕大闛会督的英文名音译名。

62 黄光域编：《基督教传行中国纪年（1807-1949）》，同上，第 229 页。

63 江西省地方志编纂委员会办公室编著：《江西书院》，武汉：武汉大学出版社，2017 年 11 月第 1 版，第 68 页。

64 《慕大闛》（David Hastings Moore），刊于"军事维基"网站：https://military.wikia.org/wiki/David_Hastings_Moore，引用日期：2021 年元月 20 日。

学教授。期间，他开始研究和翻译王阳明（1472-1529 年）著作，是西方首位王阳明研究者。[65]民国二年（1913 年），他回美在大学任教。[66]江西是王阳明建立书院，发表《传习录》、《训蒙大意示教读》等代表作品之地。

THE PHILOSOPHY OF WANG YANG-MING

TRANSLATED FROM THE CHINESE
BY
FREDERICK GOODRICH HENKE
(PH.D., CHICAGO)
PROFESSOR OF PHILOSOPHY AND EDUCATION IN ALLEGHENY COLLEGE, FORMERLY
PROFESSOR OF PHILOSOPHY AND PSYCHOLOGY IN THE
UNIVERSITY OF NANKING

INTRODUCTION BY
JAMES H. TUFTS, PH.D., LL.D.
PROFESSOR AND HEAD
OF THE DEPARTMENT OF PHILOSOPHY IN THE UNIVERSITY OF CHICAGO

LONDON - CHICAGO
THE OPEN COURT PUBLISHING CO.
1916

第一部王阳明著作重要英文译著《王阳明哲学》的扉页。[67]

---

65 恒吉于民国五年（1916 年）出版王阳明著作的第一部重要英文译著，名为《王阳明哲学》：Frederick G. Henke: *The Philosophy of Wang Yang-ming*, London, Chicago: The Open Court Publishing Company，1916 年。该书收有王阳明传记、语录（《大学问》、《传习录》等著作选译）和 60 余封书信译文，是西方第一部传播王阳明学说的译本，从此开启阳明学西方之旅。

66 参见《郡县协调员恒吉（1876-1963）》（County Coordinator: Frederick Goodrich Henke 1876-1963），刊于 http://iagenweb.org/boards/floyd/obituaries/index.cgi?read=235386，发布日期：5/26/2009 18：50：19，引用日期：2021 年元月 20 日。

67 [美]恒吉（Frederick G. Henke）:《王阳明哲学》（*The Philosophy of Wang Yang-ming*），London, Chicago: The Open Court Publishing Company，1916 年。

另外，德裔美北美以美会传教士饶合理（Harry Fleming Rowe，1869-1946年），自光绪三十年（1904年）负责南京汇文书院的圣道馆（Fowler School of Theology）即傅罗神学院，宣统元年（1909年）至德化任南伟烈大学副校长兼神学教授，圣道馆随之迁到南伟烈大学，成为南伟烈大学的神学部。至此原计划的四部全部建立。南伟烈大学形成小学、中学、大学专科以及神学部构成的大学教育建制。但是，宣统三年（1911年），圣道馆迁回南京，与其它教会神学学校联合，组建成立金陵神学院。[68]

库思非（Carl F. Kupfer）的《中国圣地》扉页，库思非的头衔是中国江西省九江南伟烈大学校长（President of William Nast College, Kiukiang, China, Kiangsi Province）

---

68 毕范宇（Frank Wilson Price）：《金陵神学院史（1911—1961）（暂定稿）》（*History of Nanking Theological Seminary: 1911 to 1961, A Tentative Draft*），徐以骅译，刊于徐以骅、张庆熊主编：《基督教学术》，第1辑，上海：上海古籍出版社，2002年8月第1版，第185页。

在第一次世界大战背景之下，民国六年（1917 年），南伟烈大学校长库思非被控有倾向德国、不忠于美国的言行，教会命令其退休回美接受审查[69]。南伟烈大学其他德裔人士也被迫离开九江。民国七年（1918 年）库思非不得不携眷离华。在南伟烈大学工作期间，他利用余暇编著有《中国圣地》（*Sacred Palaces in China*）（1911 年）[70]等书。

此后三年（1918-1920 年），南伟烈大学校长职空缺。力宣德（又称"力加宠"，George Carleton Lacy，1888-1951 年）、裴敬思（Edward Carter Perkins，1875-1958 年）[71]、胡其炳（Hu Chi-Ping，1872-1938 年）等三位中外人士先后出任代理校长，直至民国九年（1920 年），美北美以美会教育传教士张南伯（Charles F. Johannaber，1889-1960 年，1920-1927 年在职）长校。

第一任代理校长力宣德是美北美以美会传教士、中国大陆最后一任卫理公会会督。力宣德出生于福州。他的父亲力为廉（William Henry Lacy，1858-

---

69 民国八年（1919 年），库思非在美国获释返九江，复职未果，后至武汉大学教德文，不久病故于武汉。按其生前遗愿，其遗体葬于九江。参见李恩宏：《百年树人话"同文"》，同上，第 47 页。

70 [美]库思非（Carl F. Kupfer）：《中国圣地》（*Sacred Places in China*），Cincinnati: Press of the Western Methodist Book Concern，1911 年，电子版参见"圣书网站"：https://www.sacred-texts.com/cfu/spc/index.htm，引用日期：2021 年元月 20 日。

71 裴敬思是美北美以美会来华医疗、教育传教士。他用自己的财产在九江开办生命活水医院（Water of Life Hospital），担任医院院长近 30 年。光绪二十四年（1898 年），裴敬思从耶鲁大学获得文学士学位，之后进入哥伦比亚大学学习法律，1901 年（光绪二十七年）毕业。1904-1905 年（光绪三十-三十一年），他脱离公理会，加入美北美以美会，决心成为医疗传教士。为此，他先后进入马里兰大学和哥伦比亚大学医学院学习。宣统二年（1910 年），从哥伦比亚大学获得医学学位后，他到中国旅行，第一次来到九江。之后，他在纽约市圣路加医院工作两年，又赴伦敦热带医学院学习一年。民国二年（1913 年），裴敬思加入美北美以美会江西布道会，正式开始医疗传教生涯。他先在金陵大学华言学堂学习中文，之后来到九江从事医疗传教工作，筹备建立医院，即生命活水医院。民国五年（1916 年）6 月 15 日裴敬思婚后不久，由于金陵大学医院急需人手，在此工作一段时间，同时继续为九江的医院做筹备工作。民国七年（1918 年）9 月 20 日，生命活水医院成立。裴敬思担任院长，以他个人财产支持医院建设、维持医院运行。全面抗战初期，医院积极收治伤员，救济难民。太平洋战争爆发数月后，裴敬思夫妇被遣送回美，医院为日军占用。民国三十五年（1946 年），虽已过退休年龄，裴敬思回到九江，重开生命活水医院。1950 年底，裴敬思夫妇等传教士离开大陆。次年，生命活水医院被人民政府接管，后改名为九江市第一人民医院。回美后，裴敬思一度前往美国田纳西州山区从事医疗服务工作。1954 年，年近八旬的他到台北开设生命活水诊所。1957 年底，他终因年老体衰而回美，病逝于家乡。

1925 年）与母亲于光绪十三年（1887 年）至福州，在英华书院和美华书局（Methodist Publishing House in China）工作。力宣德幼年就读于福州和上海的教会学校，后至美国于 1911 年（宣统三年）获俄亥俄州卫斯理大学文学士学位，1913 年（民国二年）获加略特圣经学院（Garrett Bible Institute）神学学士学位，1914 年（民国三年）获西北大学文学硕士学位。1914 年（民国三年）9 月，力宣德抵达上海，入南京语言学校学习，之后担任江西教区监督（1916-1917 年，1919-1920 年），以及南伟烈大学（William Nast College）代理校长。民国十年（1921 年），美北美以美会将力宣德借调给美国圣经公会，负责其在华办事处的工作。[72]

裴敬思于民国八年（1919 年）短期代理校长。裴敬思是康涅狄格州首府哈特福德市人，生于富有的银行家家庭。民国二年（1913 年），裴敬思加入美北美以美会江西布道会，开始医疗传教活动，被誉为"美国白求恩"（American Norman Bethune, Henry Norman Bethune, 1890-1939 年）。民国七年（1918 年），他解囊资助的九江生命活水医院（The Kiukiang Water of Life Hospital）建立。[73]此名来自《启示录》中的"愿意的，都可以白白取生命的水喝。"（《启示录》22：17，和合本）

---

[72] 民国十年至二十年（1921-1941 年），力宣德在美国圣经公会上海办事处工作，负责翻译和分发多种中国方言圣经。他利用休假期间（1928 年，1929 年）在纽约协和神学院和纽约哥伦比亚大学学习，于 1928 年（民国十七年）获加略特圣经学院神学博士学位。民国二十二年（1933 年），美国圣经公会与大英圣书公会（British and Foreign Bible Society）联合成立中华圣经会（China Bible House）。民国二十四年（1935 年），他被任命为美北美以美会和美南监理会中国联合委员会的成员。民国三十年（1941 年），力宣德被选为华中教区会督，被分配到福州；1949 年辞职，将权力交给陈文渊（1897-1968 年）会督。1950 年，所有外国传教士被迫撤离中国，力宣德是唯一未能得到出境许可证的西方人。1951 年 12 月 11 日，他因心脏病在福州协和医院去世，安葬在洋墓亭教会公墓。他的英文著作有：*Jesus for Chinese Youth*，1938 年；*The Great Migration and the Church in West China*，Shanghai，1941 年；*The Story of the Foochow Foreign Cemeteries*，Foochow，1951 年，另外他有中文著作《美华圣经会在华百年之佳果》（*A Hundred Years of The American Bible Society in China*）（1934 年）。参见拉库爷爷的博客：《力宣德（力加宠）（George Carleton Lacy, 1888-1951）》，刊于"新浪博客"网站：http://blog.sina.com.cn/s/blog_44a823a80102x295.html，发布日期：2017-11-21 13：34：40，引用日期：2021 年元月 21 日。

[73] 有关裴敬思相关材料参见"扬子江边的哈得逊"：https://www.yangtzeriverbythehudsonbay.site/a-tribute-to-dr.-and-mrs.-perkins------------.html，引用日期：2020 年元月 20 日。

青年时代的裴敬思[74]

　　第三任代理校长胡其炳，字燮卿，同治九年（1872 年）生于江西德化，早年就读于同文书院，曾在德国法兰克福求学（1889-1893 年），回国后在美北美以美会在镇江所办男校任教，光绪二十五年（1899 年）到母校同文书院任教。光绪三十一年（1905 年），胡其炳至美国查理城市学院（Charles City College）学习，获学士学位；回国后在南伟烈大学任教（1905-1908 年），曾短期代理校长职务，民国九年（1920 年）前后离职。[75]

74　裴敬思（Edward Carter Perkins）:《一窥中国之心》（*A Glimpse of the Heart of China*），同上。英文电子版：https: //wildabc.github.io/A_Glimpse_of_the_Heart_of_China/English.html，中文译本参见枣木夹子：《一窥中国之心》，刊于 https: //wildabc.github.io/A_Glimpse_of_the_Heart_of_China/Chinese.html，引用日期：2021 年元月 20 日。照片取自于中文译本。

75　之后，胡其炳在武昌中华大学、武汉大学、上海交通大学、光华大学等处任德文教授及注册部主任等职；民国二十七年（1938 年）在上海去世。

南伟烈大学虽然距离北京遥远，但是学生的爱国激情不减，他们积极参与五四运动。《民国日报》（1919 年 6 月 7 日）刊载《九江南伟烈大学来电》："各报暨学生联合会鉴：国势濒危，同人于本日罢课，谨此电闻。南伟烈大学全体鱼。"[76]

在学校管理层更迭之后，学校大学阶段的教育逐步减少，至民国十九年（1920 年）完全撤销。在学校规格降低后，一些受教育程度较高的中国教师离开学校。"大学"之名继续沿用几年。因此，实际上，自民国六年（1917 年），南伟烈大学的大学部基本停办，因此不少资料以此年确定为南伟烈大学终止办学的年代。美北美以美会集中精力专办南伟烈大学的中学部，设立三三制完全中学，同时附设小学。民国十三年（1924 年），小学部迁往塔岭南路，开办同文小学，仍旧为附属小学。现九江行署大院内保存有同文小学一座老建筑。[77]

在南伟烈大学短暂的办学历史上，有三位学生兼教授的留美博士尤为值得一笔[78]。第一位是林立（1882-1950 年）。林立，字卓然，出生于湖北汉阳，光绪三十年（1904 年）毕业于南伟烈大学后留校任教；光绪三十三年（1907 年）负笈游美，先后就读于卫斯理大学（Wesleyan College）、研究院以及衣阿华（又译"艾奥瓦"、"爱荷华"）州立大学研究院，1915 年（民国四年）夏获哲学博士学位，同年冬回国，任南伟烈大学师范科主任，次年离职，之后至沪江大学工作。[79]第二位是卫理公会牧师、教育家胡昌鹤（1883-1962 年）。

---

76 刘少屏：《纪念五四运动七十周年：五四运动在江西》，中国人民政治协商会议江西省委员会文史资料研究委员会编：《江西文史资料选辑》，1988 年第 4 辑，内部资料，1989 年 3 月，第 38 页。

77 参见枣木夹子：《美以美会在九江》，刊于"博客园"网站：https://www.cnblogs.com/wildabc/p/4002679.html，发布日期：2014-09-30 21：01，引用日期：2021 年元月 21 日。

78 其他著名校友包括：原中共中央组织部部长饶漱石（1903-1975 年），著名教育专家陈礼江（1896-1984 年），原教会大学华中大学校长、著名教育家、哲学家韦卓民（1888-1976 年）。

79 之后，林立先后任国立武昌高等师范教育学教授、武昌中华大学教务长、湖北省立文科大学校长等职。民国十二年（1923 年），林立代表中国政府赴旧金山出席首届世界教育会议；民国十六年（1927 年）秋，受聘为沪江大学教育学教授，后任教育学系主任（1929-1946 年）、教育学院院长（1930-1935 年）、文学院院长（1935-1942 年）、教务长（1939-1948 年），民国三十七年（1948 年）退休。1950 年春，林立因心脏病去世。参见吴禹星、李亚林编著：《夏志清与沪江大学》，上海：学林出版社，2015 年 11 月第 1 版，第 24 页。

胡昌鹤，字九皋，生于德化，光绪三十一年（1905 年）入南伟烈大学，毕业后创办小学；宣统二年（1910 年）赴美留学，先后在卫斯理大学、帝堡大学（DePauw University）、纽约大学研究院学习，分别获哲学学士、化学硕士、教育博士学位。民国六年（1917 年）胡昌鹤回国，之后在南伟烈大学任副校长 6 年。胡昌鹤在任南伟烈副校长期间，由江西卫理公会年议会按立为牧师，并常在甘贡堂等地传教。[80]第三位是知名社会活动家罗运炎（R. Y. Lo，1890-约 1966 年）。罗运炎，别号耀东，德化人，就读于同文书院以及升格的南伟烈大学（1899-1907 年在读），毕业后留校任教；宣统元年（1909 年）赴美留学，1911 年（宣统三年）在华莱士学院（German Wallace College，现为 Baldwin Wallace University）获学士学位；1914 年（民国三年）在雪城大学获哲学博士学位，归国后任南伟烈大学教授，民国九年（1920）年离职。[81]

第三节 我歌兮，阅我歌兮；1929 年之后的南伟烈大学

同文中学（1928-1929 年）

九江私立同文中学（1929-1950 年）

民国十六年（1927 年），国民政府要求外国人所办学校应以中国人为校长。蔡德高（Cai Degao 或 Tsai Teh-kao，1868 年-？）出任同文中学第一任国人校长（1927-1928 年在任）[82]。蔡德高，字广田，湖北广济（今武穴）人。他早年就读于南伟烈大学的前身和山东的登州文会馆，后赴美留学（1901-1905 年），学成回国后长期在九江传教，并在南伟烈大学任教。

---

80 谢军总纂，张国培、何明栋主编：《江西省志 95：江西省宗教志》，同上，第 470 页。

81 之后，罗运炎赴上海任《兴华报》编辑，参与创办中华国民拒毒会，后出任会长、江西督军署顾问、上海中国基督教文学会副会长等职；民国十八年（1929 年）5 月 25 日和民国二十年（1931 年）2 月 9 日两次任国民政府禁烟委员会委员；民国二十二年（1933 年）1 月 12 日和民国二十四年（1935 年）1 月 12 日两次选任国民政府立法院立法委员，民国三十一年（1942 年）3 月 12 日去职。民国三十七年（1948 年），罗运炎当选"行宪"第一届立法院立法委员。罗运炎除合编中华卫理公会期刊《静修日程》之外，一生著述颇多，著有《孔子社会哲学》、《平民主义》、《中国鸦片问题》、《毒品问题》、《中国劳工立法》，英文《中国的内部革命》（*China's Revolution From the Inside*）（The Abingdon Press）（1930 年），出版有《罗运炎讲演拾零》、《罗运炎论道文选》、《罗运炎文集》等。

82 参见枣木夹子：《美以美会在九江》，刊于"博客园"网站：https://www.cnblogs.com/wildabc/p/4002679.html，发布日期：2014-09-30 21：01，引用日期：2021 年元月 21 日。

刘湛恩之墓[83]

民国十七年（1928 年），在收回教育权运动中，校名由南伟烈大学改为同文中学，英文校名改为 William Nast Academy，即南伟烈书院。同文中学以私立方式继续办学。次年，学校向江西省教育厅立案并上报国民政府教育部备案，校名定为"九江私立同文中学"，由校董事会治校。由此开始，学制课程等均按照教育部颁发的规定实施，但是，办学经费、人事管理以及宗教事务均由教会负责。[84]同年，熊祥熙（Xiong Xiangxi 或 Hsiung Chiang-hsu）接任校长。熊祥熙，江西新建人，民国二年（1913 年）从南伟烈大学中学部毕业后入读金陵大学，民国六年（1917 年）从金陵大学获学士学位后，至美国西北大学求学并获硕士学位。熊祥熙任同文中学校长 24 年（1928-1952 年）。在主政同文中学期间，熊祥熙提出"读好书，做好人"的校训和"读书与做人兼重，成人与成才并举"的办学原则，明确要求师长的任务是"培养学生道

---

83 取自于刘湛恩遗孀刘王立明：《先夫刘湛恩先生的死》，上海：商务印书馆，1939年，第62页。

84 李恩宏：《百年树人话"同文"》，同上，第47页。

德，提高学生程度"，使其在做人与读书方面，切实做到"一丝不苟，一步不松，一目不忘"。[85]

在南伟烈大学办学史上，刘湛恩（1895-1938 年）与本书主题尤为相关。刘湛恩，湖北汉阳人，幼年丧父，家境贫寒。光绪三十三年（1907 年），刘湛恩 12 岁时，从汉阳小学跳级到南伟烈大学中学部学习，5 年后毕业即被保送东吴大学；民国四年（1915 年），以优异成绩从东吴大学医预科毕业，获得奖学金赴美留学。抵美后，他放弃学医，改入芝加哥大学教育系；民国七年（1918 年）从芝加哥大学本科毕业后，又进哥伦比亚大学教育学院研究院继续深造。民国十一年（1922 年）刘湛恩回国，被聘为中华基督教青年会全国协会总干事，提倡教育救国。民国十七年（1928 年），刘湛恩被聘为沪江大学校长，年仅 32 岁，致力于革新校务，建立从幼稚园到高中的一整套教学实验体系。民国二十六年（1937 年）全面抗日战争爆发后，刘湛恩被推选为上海各界救亡协会理事、上海各大学抗日联合会负责人、中国基督教难民救济委员会主席、国际红十字会副会长。民国二十七年（1938 年），刘湛恩被日伪组织暴徒枪击牺牲。1985 年，中华人民共和国民政部追认刘湛恩为抗日革命烈士。[86]

民国二十七年（1938 年），九江沦陷。同文中学内迁至时属四川的重庆璧山丁家坳（Dingjia'ao, Bishan, Sichuan; Tin-chia-ngao, Pi-shan, Sze-chwan），盖草房当教室，掘井取水，艰苦奋斗，坚持办学，校风学风一如既往，师生人数高达 400 多名，且多为四川子弟。[87]

与此同时，儒励女中先迁至四川资中（Zizhong，Tze-chung），次年再迁至四川遂宁（Suining），与美北美以美会在当地所办的涪江女中和葆灵女中迁至此地的部分师生组成"儒励涪江联合女中"。[88]

而同文、儒励两校留在九江的师生和诺立神道女校组成联合学校"儒励诺立联合中学"。光绪三十二年（1906 年），创立于光绪八年（1882 年）的德化紫桑路"传道女校"（Woman's Bible Training School）迁至仓巷甘棠南路，为纪念诺立（Ellin J. Knowles, 1834-1929 年）更名为"诺立书院"（Knowles Training School for Woman），后又改为"诺立神道女校"（Knowles Woman's

---

85 李恩宏：《百年树人话"同文"》，同上，第 48 页。
86 刘王立明：《刘湛恩博士生平事略》，原刊于民国二十七年（1938 年）《沪大年刊》，收录于刘王立明：《先夫刘湛恩先生的死》，同上，第 63-65 页。
87 李恩宏：《百年树人话"同文"》，同上，第 50 页。
88 李宏恩：《儒励女中八十年），同上，第 58 页。

Bible Training School）。民国三十一年（1942 年）太平洋战争爆发，儒励诺立联合中学停办。[89]

民国三十一年（1942 年），同文中学举办 75 周年校庆之时，原国民党中央副委员长、同文中学名誉董事长、"基督将军"冯玉祥（1882-1948 年）亲临学校，勉慰师生，表示祝贺。[90]抗战胜利后的民国三十五年（1946 年），同文中学由四川璧山迁回九江原校址，儒励女中由四川遂宁迁回九江原校址。[91]

江西省立浔阳女子中学（1950-1951 年）

江西省立浔阳中学（1950-1952 年）

九江市第二中学（1952-1959 年）

九江大学附属中学（1959-1963 年）

九江市第一中学（1952 年-）

九江市第二中学（1963-2002 年）

九江市同文中学（2002 年-）

1950 年底抗美援朝战争爆发，九江的卫理公会传教士接政府命令离开九江。1951 年，卫理公会所办学校由中央人民政府接管。1950 年 6 月 10 日，人民政府接管儒励女中，将之更名为"江西省立浔阳女子中学"。1950 年 6 月 11 日，同文中学由人民政府正式接办，被更名为"江西省立浔阳中学"。次年，原儒励女中并入江西省立浔阳中学。

1952 年，江西省立浔阳中学又更名为"九江市第二中学"。[92]1959 年，九江大学开办，九江市第二中学高中部合并到九江市第一中学（1952 年-），初中部改为附中，校名为"九江大学附属中学"。1962 年，九江大学停办；1963 年 1 月，"九江大学附属中学"更名为"九江市第二中学"。[93]2002 年经江西省人民政府批准，九江市第二中学恢复使用"同文中学"校名。[94]

---

89 谢军总纂，张国培，何明栋主编：《江西省志95：江西省宗教志》，同上，第365页。

90 张志一：《璧山县的第一所高中——同文中学》，收录于中国人民政治协商会议四川省璧山县委员会文史资料委员会编：《璧山县文史资料选辑》，第8辑，内部资料，1994年，第65-70页，特别参见第69页。

91 张志一：《璧山县的第一所高中——同文中学》，同上。

92 李宏恩：《儒励女中八十年）》，同上，第59页。

93 张伊主编：《江西学府志》，同上，第359页。

94 现教中心：《同文中学百年回眸》，刊于"九江市同文中学"官方网站：http://www.twzx.cn/artlist_detail.php?lbid=1191&wzid=129，发表日期：2014-08-06 16:32:43，引用日期：2021年元月21日。

埠阆学塾（1867-1882 年）

同文书院附属小学（1882-1901 年）

南伟烈大学附属小学（1901-1928 年）

同文中学附属小学（1928-1929 年）

九江私立同文中学附属小学（1929-1950 年）

九江市立第四完全小学（1950-1954 年）

九江市立第一完全小学（1949-1956 年）

柴桑小学（1956-1966 年）

九江市红旗小学（1966-1968 年）

九江电瓷厂五七小学（1968-1980 年）

柴桑小学（1980 年-）

　　南伟烈大学附设的小学前身是埠阆学塾、同文书院附属小学。南伟烈大学的大学部停办后，原中学和小学继续办理，其中小学附属于同文中学。民国十八年（1929 年），同文中学更名为九江私立同文中学，原附属小学随之更名为九江私立同文中学附属小学。

　　1949 月 5 月九江解放，浔阳镇第一中心国民小学校被接管后，即正式成立九江市立第一完全小学（简称"市一小"）。1950 年 6 月 11 日，同文中学由人民政府正式接办，被更名为"江西省立浔阳中学"；与此同时，附属的同文小学撤销，改为九江市立第四完全小学。1952 年经市人民政府决定，将原教会办的翘志小学并入市立第一完全小学。1954 年，九江市立第四完全小学撤销，学生并入"市一小"。1956 年 1 月 23 日，根据江西省教育厅关于各地中、小学校名应冠以地名的指示，市人民政府决定将"市一小"第一次改称"柴桑小学"，因校北有柴桑路而得名。九江汉时称柴桑。"文化大革命"期间，1966 年 8 月 24 月，柴桑小学改名为九江市红旗小学。1968 年，工宣队进驻学校，学校又改名为九江电瓷厂五七[95]小学。1980 年 4 月，学校第二次改称为"柴桑小学"，并沿用至今。[96]

---

95 以"五·七"命名的学校，"五·七"的使用情况包括两种："五·七"某某学校、五七某某学校。本书统一使用后者。

96 黄其美：《柴桑小学今昔》，收录于中国人民政治协商会议九江市委员会文史资料研究委员会编印：《九江文史资料选辑》第 6 辑，同上，第 22-25 页，特别参见第 24 页；《柴桑小学》，收录于浔阳区文化教育局、浔阳区教育学会：《九江市浔阳区直属小学校史汇编》，同上，第 7-12 页，特别参见第 9 页。黄其美：《柴桑小学

第四节　前仰庐山瞰湖水：南伟烈大学遗存录

　　与南伟烈大学相关的遗存主要包括三处：现今溢浦路的埠阆学塾旧址，南门口甘棠湖畔的同文书院即南伟烈大学旧址以及现今塔岭南路的同文小学旧址。

一、埠阆学塾旧址

　　如今勒石纪念"生命活水医院"，可以想象此处曾经是埠阆学塾也即南伟烈大学的滥觞之地。[97]

　　现今溢浦路的埠阆学塾旧址已经无从考证。从庐山路口至江边原为从甘棠湖至长江的一条河，名叫溢浦港。埠阆学塾依溢浦港而建。清末民初填溢浦港而建的溢浦路，被称为"洋街"，包括"外洋街"，即从龙开河口至张官巷由西至东的沿江一带，以及"内洋街"，即从城外天主堂至溢浦路口。埠阆学塾之名源于所在地理位置。埠，指有码头的城镇；阆，指无水的城壕，《管子·度地》认为："城外为之郭，郭外为之阆"。光绪十九年（1893 年），埠阆学塾增设诊所，取名"生命活水"，后裴敬思于民国四年（1915 年）将诊所扩建为"生命活水医院"（The Methodist Episcopal Hospital/Life Spring Hospital）。"生命活水"

　　　今昔》，第 9 页，将"市一小"第一次改称柴桑小学的年代确定为 1955 年 10 月；将第二次改称柴桑小学的年代确定为 1978 年。

97　照片取自现教中心：《同文中学百年回眸》，刊于"九江市同文中学"官方网站：http://www.twzx.cn/artlist_detail.php?lbid=1191&wzid=129，发表日期：2014-08-06 16：32：43，引用日期：2021 年元月 21 日。

四个字由孙中山（1866-1925年）题写。民国十六年（1927年）春，医院购塔岭南路56号土地一片，即医院现址（今为九江市第一人民医院）[98]；同年7月17日下午，生命活水医院举行新建筑奠基典礼，年底生命活水楼落成。该楼为四层欧式风格建筑，主体为"U"形，房角石上用红字写有"荣耀归于上帝，生命活水医院"。[99]1991年，生命活水楼被九江市政府定为市级文物保护对象。2002年，九江市政府在院内建生命活水广场。广场旁立着的一墙上刻有《活水广场记》："古埠浔阳，阡陌柴桑，纳九派之圣水，吮匡庐之精阳。上苍赐福，天随人愿……然旧时岁月不开，水患难绝，疫漫为祸殃民；战乱连绵，萧然满目，几近无乐之邦。一八九三年立教会医院，孙文先生亲题院名，寓生命活水，布上帝福音，治流疫，医战伤，施善于贫困，济民于四乡。传西域之医术，融华夏之岐黄。生命无贵贱，救死为天下大义；十字无疆域，扶伤乃万事至上……"[100]埠阆学塾以及生命活水医院原址均不复存在，如今勒石纪念"生命活水医院"，可以想象此处曾是埠阆学塾也即南伟烈大学的滥觞之地。

二、同文书院旧址

1910年南伟烈大学的穆思堂。[101]

---

98 叶攸慧：《生命活水医院旧址》，收录于政协九江市十届文史委员会编：《九江古今纵横》，内部资料，1995年7月，第236页。

99 何夕：《江西九江第一人民医院：孙中山曾亲题院名"生命活水"》，刊于《福音时报》网站：http://www.gospeltimes.cn/index.php/portal/article/index/id/40437，发布日期：2017年04月10日 16：15，引用日期：2021年元月21日。

100 何夕：《江西九江第一人民医院：孙中山曾亲题院名"生命活水"》，同上。

101 图片取自于九江市地方志编纂委员会办公室编：《九江老照片：1868-1949九江影像档案》，武汉：武汉出版社，2008年8月第1版，第16页。

同文书院即南伟烈大学永久性校园旧址位于现今的九江市同文中学所在地九江市南湖路 34 号，如今保留有同文书院楼以及同文书院楼落成纪念碑。

同文书院楼

同文书院楼原为"大课室楼"，即"穆思堂"，筹建于光绪二十七年（1901年），落成于光绪三十二年（1906 年），坐东向西，建筑面积 2，220 平方米，原高四层，"文化大革命"中拆除一层，现为三层。旧址为砖木结构，青砖墙面，红机瓦屋面，四坡顶。建筑入口处由左向右各立 4 根立柱组成门廊，内部空间空旷，线角简约。[102]"同文书院"四个字由孙中山题写。[103]同文书院旧址，现为江西省级文物保护建筑。2013 年，同文书院旧址与儒励女中办公楼旧址、儒励女中教课楼旧址等 3 处文物建筑被列为第七批全国重点文物保护单位，属近现代重要史迹及代表性建筑。同文书院旧址已经成为九江市庾亮南路历史文化街区的一部分。现今的庾亮南路历史文化街区全长 630 米，包括 2 处全国文物保护单位（能仁寺大圣宝塔和同文书院旧址）、1 处省级文物保护单位（生命活水医院旧址）、3 处市级文物保护单位（九江修道院旧址、天主堂和能仁寺）。[104]

同文书院楼落成纪念碑

为了纪念同文书院楼建造历史，大楼建成后，学校特立此纪念碑。该碑的四周镶嵌有 70 枚开元通宝古钱为纹饰，英文碑文以及汉译如下：

THIS BUILDING WAS ERECTED THROUGH THE SALE OF ANCIENT COINS FOUND ON THE CAMPUS IN THE YEAR OF 1901 AND THE TIMELY ASSISTANCE OF BISHIP DAVID H. MOORE. THESE COINS WERE ISSUED BY THE EMPEROR KAI YUAN OF THE TANG DYNASTY ANNO DOMINI SEVEN HUNDRED AND THIRTY.

---

102 吴圣林：《九江同文中学教课楼旧址》，刊于"美篇"网站：https：//www.meipian.cn/1km0s8u1，发布日期：2018.09.05，引用日期：2021 年元月 21 日；参见孙刚主编：《文化遗产在江西普及读本》，南昌：江西教育出版社，2014 年 5 月第 1 版，第 184 页。

103 现教中心：《同文中学百年回眸》，同上。

104 周慧超：《庾亮南路从"堵点"到文化街区华丽转身》，刊于《九江日报》04 版，2018 年 9 月 16 日。

这栋房子是由于一九零一年在校园内发现的一坛古钱和台维得·摩尔主教的及时帮助而建立的，这些钱币是主后七百十三年唐代开元皇帝所发行的。[105]

此碑"文化大革命"时期存于江西省博物馆，现存同文中学校史展览室。[106]

三、同文小学旧址

同文小学旧址位于行署大院内，地址为浔阳区塔岭南路 53 号，现保存有同文小学的一座老建筑，属于塔岭南路历史文化街区的一个部分。塔岭南路历史文化街区用地面积 116.7 亩，共有 83 栋房屋 1，200 户，其中有 55 栋红砖房、5 栋青砖房，总平面图改造区域内有市级文物保护单位 1 处，即裴敬思别墅旧址；保护历史建筑 6 处：行署大院东区 15 栋、行署大院东区 24 栋别墅、吴庭兰别墅、行署大院中区 26 栋（原法院办公楼）、塔岭南路 45 号别墅（王大川旧居）、同文小学旧址；建议历史建筑 2 处：行署大院原市轻化工业局办公楼、行署大院中区 21 栋别墅；以及裴敬思别墅旧址后百年朴树 2 棵。[107]

四、儒励女中旧址

儒励女中旧址位于九江市庾亮南路 47 号。今同文中学东北面的山坡上，保留有 2 栋老建筑。2013 年，儒励女中旧址与同文书院旧址同属于现今的庾亮南路历史文化街区，同被定为第七批全国文物保护单位。

儒励女中教课楼

儒励女中教课楼建于光绪三十三年（1907 年），南北坐向，建筑面积约 1,740.8 平方米，砖木结构，红机瓦屋面，墙面为青砖砌筑，四坡顶，顶上设老虎窗及壁炉烟囱，高三层，南边有体现西方建筑特色的拱券廊。该建筑门窗用料硕大，窗框为拱形砌筑，其线条优美流畅。[108]

---

105 刘新发主编：《崇儒励学 天下同文——九江同文（儒励）中学校志》，同上，第19-20 页。

106 刘新发主编：《崇儒励学 天下同文——九江同文（儒励）中学校志》，同上，第20 页。

107 贺倩倩：《塔岭南路历史文化街区点亮浔城文化底蕴》，刊于"浔阳融媒"网站：http://xunyang.yun.jxntv.cn/p/10064.html，发布日期：2020-11-24 16：36，引用日期：2021 年元月 21 日。

108 孙刚主编：《文化遗产在江西普及读本》，同上，第 184 页。

儒励女中办公楼

儒励女中办公楼原为宿舍楼，建于民国十二年（1923 年），南北向，高四层，建筑总面积 2，243.8 平方米。北面建筑入口处由 6 根高 7 米的方柱组成半圆形门廊，建筑底层为地下室。其外墙为水洗石仿花岗墙面，余层为青砖墙，屋面红机瓦，四坡顶，顶上设老虎窗及壁炉烟囱。该建筑门窗用料硕大，窗框砌成的线角形式多样，构成建筑立面上的外国建筑韵味。[109]

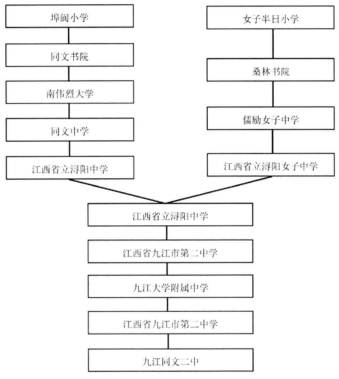

九江同文中学校史沿革简图中的南伟烈大学[110]

附录一：南伟烈大学校长名录

库思非：1901-1918 年

空缺期：1918-1920 年，力宣德、裴敬思、胡其炳先后出任代理校长

张南伯：1920-1927 年

---

109 孙刚主编：《文化遗产在江西普及读本》，同上。

110 参见刘新发主编：《崇儒励学　天下同文——九江同文（儒励）中学校志》，同上，第 49 页。

附录二：20世纪30年代同文中学校歌[111]

同文中学兮，

千秋万岁兮，

楼台矗立风景美，

前仰庐山瞰湖水，

是我母校兮，

心乎我爱矣，

九派江流去不转，

母校声誉与俱远。

同文学生兮，

共造时势兮，

锻炼头脑与身子，

挑起乾坤重担走，

努力努力兮，

是大责任也，

学问为事业基础，

努力努力莫退缩。

副歌：

无限量，无限量，同文中学校生兮，

无限量，无限量，如月恒，如日升，

月恒而日升，勃然兴，如日月一样，

入绛帐，立绛帐，弦歌兮，弦歌兮，

立绛帐，我歌兮，阅我歌兮，

配阅振刷我精神，一往无前，无限量。

附录三：20世纪40年代同文中学校歌[112]

巍巍匡庐，滚滚长江，

---

111 刘新发主编：《崇儒励学 天下同文——九江同文（儒励）中学校志》，同上，第13页。

112 刘新发主编：《崇儒励学 天下同文——九江同文（儒励）中学校志》，同上。

壮丽冠南邦。

同文母校，矗立浔阳，

声誉满八方。

校舍宽宏，设备充实，

校风优且良。

励学敦品，建国济世，

上苍德难忘。

副歌：

校旗飘扬，历史悠长，

万丈放光芒。

同文学生，春风日坐，

德智体兼长。

附录四：九江女塾—桑林书院—儒励女中校长名录

九江女塾（1873-1876 年）

昊格矩：1873-1876 年

桑林书院（1876-1907 年）

昊格矩：1873-1883 年

库丽迪：1883-1886 年

昊格矩：1886-1898 年

李恺德：1898-1907 年

儒励女子中学（1907-1950 年）

李凯德：1907-1928 年

吴懋诚、聂灵瑜、胡自华：1928-1933 年

吴懋诚：1933-1950 年

第四章　海定则波宁：斐迪大学

斐迪大学
Methodist College
1912-1927 年
宁波泗洲塘

第一节　海定则波宁：偕我公会、阚斐迪与斐迪大学

斐迪大学创始人阚斐迪像[1]

1　收录于《不列颠与爱尔兰循道宗词典》（*A Dictionary of Methodism in Britain and Ireland*），取自词典官方网站 https: //dmbi.online/index.php?do=app.entry&id=1083，引用时期：2020 年 12 月 31 日。

光绪三十二年（1906年），《申报》在新闻报道《甬江教务》中提及：

甬江北耶稣教[2]斐迪书院，系由汉和德[3]君创设，曾捐集巨资，就泗洲塘附近地方建造巨屋一所，业已落成。拟俟明年将各学生一律移住彼处，并推广学额六十名，延聘中西教习教授，刻已遍粘招纸先行招考矣。[4]

同年的《教务杂志》（*The Chinese Recorder and Missionary Journal*）也刊登一帧宁波华英斐迪学堂（English Methodist College，Ningpo）校舍落成时的照片。[5]

《教务杂志》刊登的宁波华英斐迪学堂校舍照片，光绪三十二年（1906年）[6]

斐迪书院、宁波华英斐迪学堂，实为同一所教会中学的不同称呼。这所教学学校最后发展成准高等学府"斐迪大学"（1912-1927年），虽然没有被正式冠上大学之名，但在历史文献中的确有"斐迪大学"之称。《申报》（1921

---

2 耶稣教，即基督教（Christianity）中的新教（Protestantism），在汉语语境中也被称为"基督教"。

3 即"雷汉伯"，参见下文。

4 宁波市档案馆编：《〈申报〉宁波史料集》，二，宁波：宁波出版社，2013年11月第1版，第1605页。

5 《百年前的老宁波·宁波华英斐迪学堂》，刊于《宁波晚报》2012年11月25日星期日，A07版。参见《宁波晚报》电子版 http://daily.cnnb.com.cn/nbwb/html/2012-11/25/content_527935.htm?div=-1，引用日期：2021年元月2日。

6 照片在同上出处中有影印电子版。本照片取自《教务杂志》（*The Chinese Recorder and Missionary Journal*），1906年10月，第XXXVII卷第10期，位于第570-571页之间的插图页。

年 1 月 5 日）曾刊登一则新闻报道，标题《斐迪大学之游艺会》[7]醒目地出现了"斐迪大学"。民国二十二年（1923 年）《宁波教会通讯》记录的宁波圣道公会组织大议会举行会议的信息提及"斐迪大学堂"："大议会订定夏历正月十二、三日，开会于斐迪大学堂。照本会定章，三年一调，今届调动之期，必有一番大更动。十三日议毕，牧作霖牧师，即辞别会众，登轮往申，就大英圣书公会经理职务矣。"[8]

《宁波圣道公会大议会略志》也在记述中提及"斐迪大学"：

> 宁波圣道会于本年二月廿七、八两日，聚大议会于斐迪大学，先于廿六日晚开欢迎会于北堂，并有施秉瑜、顾保强两君报告去年全国大会经过事。廿七日上午开正式议会，会长牧作霖牧师主席，出席者凡三十二人。兹将关于会议要件略志于后：……（三）斐迪大学须有本会中国人为该校副校长，以补助费培植真正贫寒优秀教中子弟，要求差会准行。……[9]

由此可见，在 20 世纪 20 年代，"斐迪大学"一名为教会和社会所广泛使用。但是，"斐迪大学"最终因诸多原因而未能转正。著名的中国基督教史学者王治心（1881-1968 年）于民国二十九年（1940 年）出版中国学者撰写的第一部也是影响最大的中国基督教通史著作《中国基督教史纲》，其中提及，直至其时：

> ……此外有几个业已不复存在的大学，如岳州的"湖滨大学"，长沙的"雅礼大学"，宁波的"斐迪大学"，益阳的"信义大学"，九江的"南伟烈大学"等等，亦曾造就过不少人材，但因种种关系，与他校合并或停办了。[10]

---

7 宁波市档案馆编：《〈申报〉宁波史料集》（五），宁波：宁波出版社，2013 年 11 月第 1 版，第 2238 页。

8 （浙江）约伯：《宁波教会通讯》，原刊于《兴华》，1923 年，第 5 期，转引自宁波市政协文史委员会编：《近现代报刊上的宁波》（下），龚缨晏执行主编，宁波：宁波出版社，2016 年 1 月第 1 版，第 622 页。

9 （浙江）廖毓明、黄美成：《宁波圣道公会大议会略志》，原刊于《兴华》，1923 年，第 11 期，转引自宁波市政协文史委员会编：《近现代报刊上的宁波》（下），同上，第 622 页。

10 王治心：《中国基督教史纲》，上海：青年协会书局，1970 年，第 310-311 页；王治心：《中国基督教史纲》，徐以骅导读，上海：上海古籍出版社，2004 年 4 月第 1 版，第 276 页。

　　属于停办类型的教会大学"斐迪大学"校址所在地宁波，简称"甬"。浙江省八大水系之一甬江[11]，古称大浃江，上游奉化江源出奉化市西南天台山，东北流经奉化市区，到宁波市区三江口和姚江汇合后，因宁波简称为甬，始称"甬江"，在镇海入海[12]。唐开元二十六年（738 年）在今宁波市设明州，州治在小溪（今宁波市海曙区鄞江镇）。长庆元年（821 年）州治从小溪迁至"三江口"（宁波老城区），并建子城。此为宁波建城之始。唐末景福年间（892-893 年）建罗城。北宋建隆元年（960 年）升明州为奉国军，南宋绍熙五年（1190 年）升为庆元府，元至元十三年（1276 年）称庆元路。朱元璋（1328-1398 年）于公元 1367 年[13]将庆元路改称明州府。明洪武十四年（1381 年）为避国号讳，又因境内有定海县（今宁波市镇海区），取"海定则波宁"之意，改称宁波府。"宁波"地名一直沿用至今。[14]道光二十二年（1842 年），第一次鸦片战争之后中英《南京条约》签订，宁波成为第一批五大被迫对外开埠城市之一。

　　另外，明、清宁波府治之下设有鄞县，为宁波府城区。前文在述介宁波的三一书院时对鄞县的历史沿革已作简要梳理。晚清民初的"斐迪大学"属于鄞县行政区域之内。1949 年，鄞县析城区置宁波市，迁治祖明乡松下漕村，旋迁姜山镇；1951 年，复治宁波市区，属宁波专区；1958 年撤鄞县并入宁波市。1962 年复置鄞县，属宁波专区；1970 年，宁波专区改设宁波地区，鄞县隶属之。1983 年，鄞县属宁波市；2002 年撤县，改设为宁波市鄞州区，并沿用至今。从此建制沿革来看，历史上的"斐迪大学"位于泗洲塘的永久性校址现位于宁波市江北区，而非鄞州区。

　　"斐迪书院"、"华英斐迪学堂"的中文校名均取自创校人阚斐迪（Frederick Galpin，1842-1932 年）。英文校名 English Methodist College，即大英循道书院。因此，这所教会学校与新教主流宗派之一英国的循道会及其在华传教士直接相关。创校人阚斐迪属于英国的偕我公会（United Methodist

---

11　据认为，甬江因上游有甬山而得名。光绪《奉化县志》记载："县北二十里有甬山，俗称江口，其地在鄞、奉交界境上，以其山峰峦似覆盖之大钟，形似甬字，故名甬山。"转引自《宁波市镇海区交通志》编纂委员会编：《宁波市镇海区交通志（1986-2010）》，北京：方志出版社，2017 年 8 月第 1 版，第 31 页。

12　《辞海》编辑委员会编纂：《辞海》，上海：上海辞书出版社，2009 年 9 月第 1 版，第六版彩图本，第 2763 页。

13　公元 1367 年，元至正二十七年；正月，朱元璋始称吴元年。

14　郭黛姮：《南宋建筑史》，上海：上海古籍出版社，2018 年 9 月第 1 版，第 80 页。

Free Churches，UMFC，也称"偕我会"[15]、"偕老会"[16]）来华教育传教士。偕我公会为英国循道宗（Methodism）或卫斯理宗（Wesleyan）之一派，1857年（咸丰七年）建于英国，由卫斯理协会（Wesleyan Association）与卫斯理改革家会（Wesleyan Reformers）联合而成。1907年（光绪三十三年）偕我公会与同宗的圣道会（Methodist New Connexion，MNC，建于1797年）、美道会（Bible Christians Methodists, BCM，建于1815年）合并为"圣道公会"（United Methodist Church, U.K.）。与此同时，三家教会差会，即：圣道会差会（Methodist New Connexion Missionary Society）、美道会差会（Bible Christian Home and Foreign Missionary Society）与偕我公会差会（United Methodist Free Churches' Foreign Missions），合并形成"圣道公会差会"（United Methodist Missionary Society, UMMS）。中国是圣道公会差会最大的海外传教地，传教区包括宁波、华北、温州和云南。至光绪三十三年（1907年），圣道会、偕我公会与美道会在华传教区分别为华北地区（在长城与黄河之间建立215个传教站）、宁波（建有47个传教站）和温州（建有162个传教站）、云南（7个传教站）。1932年（民国二十一年），英国圣道公会又与循道会（Wesleyan Methodists）、循原会（Primitive Methodist Church）联合成为"英国循道公会"（Methodist Church of Great Britain）。与此同时，三家教会的差会合并为"英国循道公会差会"（Methodist Missionary Society，MMS）。[17]与本文密切相关的是，光绪三十三年（1907年），随着英国母会组织架构变化，宁波、温州的偕我公会，与直隶（今河北）、山东的圣道堂以及华南的美道会三会合一，易名为圣道公会。[18]

　　阚斐迪夫妇受英国的偕我公会差会派遣，于同治五年（1866年）来华布道兴学[19]，驻宁波。隔年，先期分别于同治三年（1864年）、四年（1865年）

15　黄美成：《宁波圣道公会》，刊于《神学志特号中华基督教历史乙编》第十一卷第一号，民国十四年（1925年）春季，第163页。

16　王治心：《中国基督教史纲》，上海：青年协会书局，1970年，第212页，称之为"偕老会"。

17　参见《圣道公会差会》（United Methodist Missionary Society），关于"英国循道公会差会档案"，即（Wesleyan）Methodist Missionary Society Archive，参见https://archiveshub.jisc.ac.uk/search/archives/37673518-a23d-321a-aef7-ccacdcc9d875，引用日期：2021年元月2日。

18　黄美成：《宁波圣道公会》，同上，第163页。

19　就阚斐迪入华年代，史料记载多有分歧，至少有以下三种说法。1、咸丰十年（1860年）前后说，参见马孟宗：《外国人在宁波办学简介》，收录于中国人民政治协商会议宁波市委员会文史资料研究委员会编：《宁波文史资料》，第3辑，内部资料，

来华布道施医的同会牧师富纳（W. R. Fuller）夫妇[20]、牧师梅约翰（John Mara）夫妇[21]因病离宁波回国，偕我公会在华教务工作仅由阚斐迪夫妇承担。光绪二十二年（1896 年），阚斐迪携眷离华回国，1900 年（光绪二十七年）被推选为偕我公会总会（UMFC Assembly）主席，1917 年（民国六年）退休，1932 年（民国二十一年）11 月 22 日去世[22]，享寿 90 岁。

阚斐迪在华前后 30 年之久，以开堂布道为主要工作，就任差会会督（Superintendent of the Mission）达 27 年，在温州推展偕我公会，另外在创建现代学校、创办报纸以及译经上留下了重要的痕迹。同治六年（1867 年），阚斐迪在宁波城中开明街购地建造"福音殿"，经二年建成，成为宁波第一座偕我公会礼拜堂，名之为"开明讲堂"[23]，驻堂传道为慈溪人徐漪园；同时迁大书房于开明讲堂，改大书房为斐迪书房。此即日后位于泗洲塘的华英斐迪学堂的发端。下文将详细叙述这段建校历史。

1985 年，第 161-162 页。2、同治三年（1864 年）说，参见王治心：《中国基督教史纲》，上海：青年协会书局，1970 年，第 212 页；顾宝绶：《宁波圣道公会传道史》，刊于《神学志特号中华基督教历史乙编》第十一卷第一号，民国十四年（1925 年）春季，第 164 页。3、同治五年（1866 年）说，本文采信此说，依据词条《阚斐迪》（Frederick Galpin〉，收录于《不列颠与爱尔兰循道宗词典》（*A Dictionary of Methodism in Britain and Ireland*），取自词典官方网站：https: //dmbi.online/index. php?do=app.entry&id=1083，引用日期：2020 年 12 月 31 日；参见沈迦：《苏慧廉的引路人——英国传教士阚斐迪与温州早期基督教史》，刊于李雪涛主编：《寻找》，第 1 辑，郑州：大象出版社，2017 年 12 月第 1 版，第 8 页。4、同治六年（1867 年）说，参见宁波市教育委员会编：《宁波市校史集》，内部资料，1989 年，第 230 页。

20 李新德：《〈夏铎〉月刊研究》，陶飞亚、杨卫华编：《宗教与历史 7：汉语文献与中国基督教研究》（下），上海：上海大学出版社，2016 年 1 月第 1 版，第 131 页。

21 [英]伟烈亚力（Alexander Wylie）：《基督教新教传教士在华名录（附传教士传略及著述名录）》（*Memorials of Protestant Missionaries to the Chinese: Given a List to Their Publications, and Obituary Notices of the the Deceased with Copious Indexes*），赵康英译，顾钧审校，天津：天津人民出版社，2013 年 7 月第 1 版，第 336 页。

22 参见词条《阚斐迪》（Frederick Galpin〉，收录于《不列颠与爱尔兰循道宗词典》（*A Dictionary of Methodism in Britain and Ireland*），取自词典官方网站：https: //dmbi.online/index.php?do=app.entry&id=1083，引用日期：2020 年 12 月 31 日。

23 根据《鄞县通志·政教志》"壬编下宗教（二）"第 1371-1372 页记载，开明讲堂由英国传教士阚斐迪于光绪五年（1879 年）兴建竣工。参见《鄞县通志·政教志》"壬编下宗教（二）"，重刊于《中国地方志集成：浙江府县志辑 16》，《民国鄞县通志》，1，张傅保修，上海：上海书店，1993 年 6 月第 1 版，第 871 页。

耶穌教會教堂概況表

名稱	地址（租地或自購入數、群眾人數）	沿革
現狀		革、經濟、附屬、國體、附記

浸禮（行人禮入會）

儀式　七日講經一次謂之禮拜惟基督復臨安息日會則以每週土曜日為禮拜名日安息日入教洗禮各會皆僅以水敷首惟浸禮會則施用……

教律　耶穌教以宣講福音引導人民信仰耶穌為宗旨隨處講道編印福音書報分送宣揚教義教律以摩西十誡為主信仰者領受洗禮即認為教友其主持教務者有牧師教師傳道士牧師管理教務及教堂教師襄助牧師處理會務兼任佈道高堂重者一人專任布道者由會長遴委資望較深者一人主持全會教務稱之為會長復稱為牧師而由教友公推道高望重之一人主持分處宣講福音之責亦有不……

入闞斐迪祿賜等先後來甬於是浸禮會循道會聖公會亦相繼而起矣

《鄞县通志·政教志》"壬编下宗教（二）"第 1371-1372 页记载阚斐迪及其创办开明讲堂的史料[24]

光绪七年辛巳正月（1881 年 2 月），阚斐迪邀宁波太守李小池等，在江北岸钰记钱庄内选馆设址，创办中文月刊《甬报》（*The Ningpo Magazine*），聘徐漪园主笔。《甬报》在宁波出版，由美华书馆发行，次年停刊。《甬报》成为在宁波出版的第二份传教士中文报刊。《甬报》除发行本埠外，在东南沿海一些城市及北京、天津、重庆等地均设有销售点。这在下列一段文字中一一尽列："外埠如上海、镇江、南京、芜湖、九江、汉口、宜昌、重庆、牛庄、烟台、北京、天津、湖州、常州、温州、台湾淡水、厦门、福州、汕头、广州、琼州、北海等处均有寄卖。此外，各埠有欲购阅者，均函至宁波江北岸钰记钱庄甬报馆开明台衔住址，照数奉寄。"[25]现存《甬报》共 13 卷，是年有闰七月，月出 1 卷，每卷 8 张 16 页，采用书册式，赛连纸单面对折印刷。封面边框内以两条直线分开，居中突出"甬报"两字，右侧标明"光绪本年×月第×卷"，左下侧字样为"美华书馆排印"。正文每页直排 18 行，每行 16 字。每卷万字左右。该报是一份新闻报刊，虽为传教士主办，但不带有传教色彩，也无一篇

24　《中国地方志集成：浙江府县志辑 16》，《民国鄞县通志》，1，同上。

25　参见《本馆告白》，《甬报》第一卷，转引自赵晓兰、吴潮：《传教士中文报刊史》，上海：复旦大学出版社，2011 年 7 月第 1 版，第 297 页。

传教文章，声称旨在"日新月盛，使人尽知其利益，风气渐开"。[26]内容归于各种栏目，依次为"选录京报"、"中外近事"以及议论、译文、告白等项。"首选京报者，懔尊王之大义；作论文者，寓讽世之微言；登近事、告白者，符新闻之体例；翻译外国书籍者，备局外之刍荛"。[27]"选录京报"为敷衍时势，谕旨、章奏不能登，所以到第10卷即被取消，而"译文"类似文学副刊，"告白"则属广告和启事，"近事"是新近发生的事也即新闻，"议论"多为针对"近事"发表的言论。该报刊载的新闻和评论大多反映洋务运动、时事局势和洋货尤其是鸦片输入状况。[28]阚斐迪一方面通过《甬报》让中国人了解世界，另外于光绪十四年（1888年）由益智书会刊行《俄史辑译》[29]，另一方面在《曼彻斯特地理学会会刊》（*Journal of the Manchester Geographical Society*）发表《中国总督李鸿章阁下》（His Excellency Li Hung-chang，Viceroy of China）（1890年）等多篇关于中国的文论[30]，向英语世界介绍中国时局与人物。

阚斐迪参与最早宁波土白或方言罗马字圣经译本的修订工作。咸丰二年（1852年），美华圣经公会在宁波出版宁波土白或方言罗马字译本的《路加福音》，由禄赐悦理和麦嘉缔（Divie Bethune McCartee，1820-1900年）[31]翻译，成为第一部新教汉语方言罗马字圣经单行译本。同治七年（1868年），《新约全书》出版，由禄赐悦理、麦嘉缔、丁韪良（William Alexander Parsons Martin，

---

26 赵晓兰、吴潮：《传教士中文报刊史》，同上。

27 赵晓兰、吴潮：《传教士中文报刊史》，同上，第298页。

28 赵晓兰、吴潮：《传教士中文报刊史》，同上，第296页。

29 沈迦：《苏慧廉的引路人——英国传教士阚斐迪与温州早期基督教史》，同上，第9页。

30 参见词条《阚斐迪》（Frederick Galpin），刊于"新浪博客"网站：http://blog.sina.com.cn/s/blog_44a823a80102yrnu.html，引用日期：2021年元月2日。

31 麦嘉缔是北美长老会最早派往中国的传教士之一，字培端，道光二十四年（1844年）抵达宁波，在北门佑圣观内施医传教。道光二十五年（1845年），美国长老会在浙江成立宁波支会，推麦嘉缔为长老。麦嘉缔在宁波江北岸槐树路创办崇信义塾，即"之江大学"前身。麦嘉缔曾任美国驻宁波首任领事、上海美国副领事会审委员、邮政局主政，清廷出使日本钦使顾问；编著译有《平安通书》、《路加要旨》等34种。参见熊月之等编著：《大辞海·中国近现代史卷》，夏征农、陈至立主编，上海：上海辞书出版社，2013年12月第1版，第175页；[英]伟烈亚力（Alexander Wylie）：《基督教新教传教士在华名录（附传教士传略及著述名录）》（*Memorials of Protestant Missionaries to the Chinese*：*Giving a List of their Publications and Obituary Notices of the Deceased*），同上，第164-169页。

1827-1916 年）和蓝亨利（Henry Van Vlek Rankin，1825-1863 年）翻译，光绪十三年（1887 年）经修订后重印。阚斐迪和霍约瑟（Joseph Charles Hoare，1825-1906 年）、贝茨（J. Bates）参加修订工作，光绪十三年（1887 年）出版福音书，光绪十五年（1889 年）出版《新约全书》。[32]

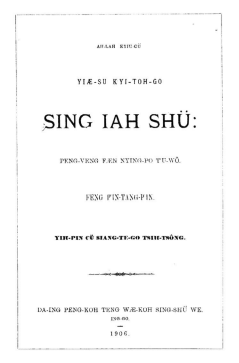 

阚斐迪参与修订的宁波土白或方言罗马字译本《新约全书》扉页以及《马太福音》的第一页。

以光绪十五年（1889 年）的修订第一版为基础，此为修订第二版，于光绪三十二年（1906 年）出版。

第二节　却来人间作丰年：斐迪大学的兴与衰

大书房（1860-1867 年）

斐迪书房（1867-1884 年）

华英斐迪书房（1884-1906 年）

华英斐迪学堂（1906-1912 年）

---

32 蔡锦图：《圣经在中国：附中文圣经历史目录》，香港：道风书社，2018 年初版，第 445-446 页。

咸丰十年（1860 年），"大书房"即学塾由有待考证的传教士在宁波竹林巷即今解放北路北端创设。[33]同治六年（1867 年），阚斐迪入甬后不久建造开明讲堂，落成后将大书房迁入，易名为"斐迪书房"，位置约在今华楼街与开明街交界处。同治十三年（1874 年），阚斐迪再次将斐迪书房迁址，转至江北岸槐花树下即盐仓门对江。过了十余年，光绪十年（1884 年），阚斐迪又将学校迁移至外滩老巡捕房侧即原太古码头附近，定名为"华英斐迪书房"，时学生增至 20 余人，只收男生。光绪十六年（1890 年），校舍又迁移至周家桥河边，即原里马路何家弄斜对面一邬姓民房内，教育传教士牧作霖（George William Sheppard，1874-1956 年）牧师主持校务[34]。光绪二十九年（1903）年，教育传教士雷汉伯（Herbert S. Redfern）任校长[35]。上引《申报》中提及的"汉和德"即为"Herbert"的音译。光绪三十二年（1906 年），江北泗洲塘新校舍建成，学校迁入，此后规模逐步扩大，改校名为"华英斐迪学堂"。[36]

有关上述初期办学史，现有资料多有出入。第一种观点认为，学校系阚斐迪于光绪五年（1879 年）秋创办于盐仓门外，后迁开明讲堂，再徙江北岸周家桥下，最后到泗洲塘。第二种观点认为，学校最早系胡德迈（Thomas Hall Hudson，1800-1876 年）于道光二十三年（1843 年）开办于开明讲堂，咸丰十年（1860 年）前后由阚斐迪执教，同治十三年（1874 年）迁至盐仓门对江槐花树下，十余年后又迁外滩老巡捕房侧，后再迁到周家桥河边，光绪三十二年（1906 年）迁到泗洲塘新校舍。[37]第二种观点与阚斐迪和胡德迈入甬时间

---

33 上文提及同治三年（1864 年）偕我公会第一位传教士入甬。因此，大书房不可能由偕我公会创建。但是，有资料认为，大书房由偕我公会创建，参见宁波市教育委员会编：《宁波市校史集》，内部资料，1989 年，第 230 页。另外笔者认为，大书房可能于同治三年（1864 年）由第一位偕我公会传教士在甬建立。

34 孙轶旻：《近代上海英文出版与中国古典文学的跨文化传播 1867-1941》，上海：上海古籍出版社，2014 年 11 月，第 402 页。牧作霖曾任大英圣书公会驻华代理人，有著述被译为中文出版：[英]牧作霖：《路加福音课》（Course of Study），谢洪赉译，青年会组合书报部，1913 年，总计 81 页。

35 黄光域：《基督教传行中国纪年（1807-1949）》，同上，第 236 页。

36 宁波市教育委员会编：《宁波市校史集》，同上，第 230-231 页；宁波市江北区地方志编纂委员会编：《宁波市江北区志》（下），杭州：浙江人民出版社，2015 年 12 月第 1 版，第 1285 页。

37 仇柏年：《外滩烟云：西风东渐下的宁波缩影》，宁波：宁波出版社，2017 年 10 月第 1 版，第 214 页。

不符。就阚斐迪入甬年代问题，文献资料也多有歧义，但没有任何一种观点认为早于同治三年（1864 年）。胡德迈是英国浸礼会牧师，道光二十五年（1845年）到宁波开设一家传教站。[38]第一种观点与阚斐迪兴学传教之初衷不吻合。早期入华传教士限于当时各种历史条件，通常最初难以获得场地，为此一般将兴学与传教合一，即学校与教堂兼用。同治八年（1869 年）开明讲堂落成，而光绪五年（1879 年）另外择地办学后再迁至开明讲堂。这种做法显然不合乎当时的历史处境、传教初衷以及实用效率的要求。

在这一时期的办学史上，这所教会中学在体育教育上领时代潮流。光绪二十九年十一月二十六日（1904 年 1 月 13 日）仿照日本办学模式，颁布《奏定学堂章程》，也称"癸卯学制"，全国各级各类学校普遍设立"体操科"。浙江各级各类学校遵照实行，体育课、课外体育活动、学校运动会及体育师资培训等逐步兴起。[39]但是，华英斐迪书房早在光绪二十三年（1897 年）就首开体操课。[40]从光绪三十三年（1907 年）始，华英斐迪学堂和另外一所教会学校育英书院在宁波最早建立足球队，在校内开展足球活动。[41]

中华民国建立前华英斐迪学堂有学生 130 余人，校长为雷汉伯，而教导主任为宁波人袁履登（1874-1954 年）[42]。袁履登原名贤安，改名礼敦，字履

38　[英]伟烈亚力（Alexander Wylie）：《基督教新教传教士在华名录（附传教士传略及著述名录）》（*Memorials of Protestant Missionaries to the Chinese：Giving a List of their Publications and Obituary Notices of the Deceased*），同上，第 185-186 页。

39　曹守和：《浙江体育史》，杭州：杭州出版社，2014 年 11 月第 1 版，第 68 页。

40　曹守和：《浙江体育史》，同上，第 81 页。

41　曹守和：《浙江体育史》，同上。

42　宁波光复前，袁履登曾被宁波知府聘为外交顾问，协助办理教案，交涉收回宁波江北岸。宁波光复后，袁履登任宁波军政分府外交次长兼交通次长，创办《方闻报》。民国二年（1913 年），袁履登应聘任汉粤川铁路督办公署译员，半年后赴沪任商务印书馆经理室襄理，两年后离职，协助经营鄞乐煤矿、顺昌轮船公司及裕昌煤号等。民国六年（1917 年）袁履登先后两次赴日本考察工商业，组织申商俱乐部，任会长；回国后任德商科发药房、美商茂生洋行买办。民国九年（1920 年），袁履登与人合办夜市物品证券交易所、大昌烟公司、共发公司，任常务理事，后历任上海宁绍轮船公司总经理、上海国民银行董事、中兴地产公司董事、上海总商会副会长、宁波旅沪同乡会理事等职。五卅运动中，袁履登任上海各界马路商界总联合会会长，后任上海公共租界华人纳税会副理事长、工部局华顾问、华董等。1930 年代初，袁履登因宁绍轮船公司衰微，改任美烟草公司华人经理。抗战时，袁履登任上海难民救济协会秘书长，募捐救济难民。民国二十九年（1940 年），袁履登附逆投敌，历任伪上海市商会主任委员、伪上海米粮统制委员会主任委员等职。抗战胜利后，袁履登因汉奸罪被捕，被判处无期徒刑，后改判 7 年；民国三十七年（1948 年）获释后

登，以字行，早年就读宁波华英斐迪书房，光绪二十五年（1899 年）毕业于上海圣约翰大学后回母校任教务长，兼开明讲堂牧师及省立第四中学、益知中学英语教员。华英斐迪书房担忧学生参加革命党，课程不设立兵式体操，只准学生在课外活动时踢足球、打木球、拍网球等作体育锻炼。宣统三年（1911 年）3 月 29 日，黄花岗起义失败，七十二位烈士壮烈牺牲。报纸发表消息后，斐迪学生义愤填膺，革命思想日益浓厚。农历九月十五日（1911 年11 月 5 日），宁波光复；十一月七日宁波军政分府成立后，教导主任袁履登转入其中担任要职。[43]

晚清时期发行的明信片《斐迪》（Methodist College Ningpo），图中建筑为宁波华英斐迪学堂教学楼。[44]

斐迪大学（1912-1927 年）

民国元年（1912 年）辛亥革命以后，学校改称"宁波斐迪学校"，即斐迪大学（下文沿用此称呼），设初中、高中和大学预科三部。全校共 8 班，1-

去香港。1951 年袁履登返回上海，1953 年被判处徒刑 10 年，免予执行；次年病死上海。参见《袁履登》，刊于浙江省社会科学研究所编：《浙江简志之二·浙江人物简志》（下），杭州：浙江人民出版社，1984 年 4 月第 1 版，第 61-62 页。

43 陈里仁：《宁波光复前后之斐迪学生》，收录于宁波市暨各县（市）区政协文史资料委员会合编：《宁波文史资料》，第 11 辑，《宁波光复前后》，内部资料，1991年，第 68-70 页。

44 仇柏年：《外滩烟云：西风东渐下的宁波缩影》，同上，第 214 页。

4 班为中学，5-6 班为预科一，7-8 班为预科二。毕业生可免试保送入上海圣约翰大学或其它教会大学三年级就读。因此，斐迪大学实际上已经发展成为 2 年制、附设中学的专科学校。办学期间，共有 600 余名预科毕业生升入教会大学。学校考试制度较为特别。入学考试简单，仅由校长雷汉伯对学生作英语口试，根据口语程度编入适当班级就读。入学第一个月没有考试，从第二个月起每周考一门功课，认真严格，从不轻易改变。[45]斐迪大学传承重视体育教育的传统，大学预科部设有体育专修课。[46]

　　民国九年（1920 年）夏秋季节，浙东台风灾害频发，同时北方直隶、山东等地旱灾奇重。为有效赈灾，是年 10 月，会稽道尹黄庆澜（1875-1961 年）与崇信中学校长梅立德（Frank R. Millican, 1883-1961 年）[47]、斐迪大学校长雷汉伯共同发起成立宁波华洋义赈会，下设经济、交际、文牍等股，不久因名称与上海华洋义赈会雷同而改名为"中西协赈会"。该会成立后设立募捐队，与宁波基督教青年会等团体合作开展大规模募捐活动，并得到南洋兄弟烟草公司与生产华吉牌毛巾的文成厂等企业的大力支持。[48]

---

45 季啸风主编：《中国书院辞典》，杭州：浙江教育出版社，1996 年 8 月第 1 版，第 56 页；马孟宗：《外国人在宁波办学简介》，同上，第 162 页。

46 杨兆宏主编：《宁波市体育志》，宁波：宁波出版社，2010 年 9 月第 1 版，第 175 页。

47 1907 年（光绪三十三年）梅立德携妻梅鲍爱美（Aimee Boddy Millican），奉美国循理会（American Free Methodist Mission）派遣来华布道，驻河南开封；两年后至杞县，接办内地会教务；民国元年（1912 年）在宋门里购地建造礼拜堂；隔年在南关陶庄购地建福音医院。民国六年（1917 年），夫妇二人改隶美北长老会，转浙江宁波布道。民国十年（1921 年），梅立德在宁波创办基督教友谊社；民国十八年（1929 年）前后调驻上海，在广学会任职。民国二十六年（1937 年），梅立德兼《教务杂志》编辑。民国三十年（1941 年）太平洋战争爆发后，梅立德被日军逮捕，关进集中营，战后积极参与广学会的恢复工作。民国十九年（1930 年），广学会在上海创办的双月刊《道声》抗战时期曾与《明灯》、《女铎》合刊，民国三十六年（1947 年）在上海恢复单独出刊。复刊时填写的《新闻纸杂志登记声请书》载明：该刊类别为"圣经教育杂志"，刊期为"季刊"，发行旨趣为"发扬基督教精神"，社务组织为"附属于广学会"，发行人与主编为"梅立德"。其中介绍梅立德为美国人，时年 63 岁，耶鲁大学哲学硕士，曾任美国中学校长、宁波四明中学校长，受封长老会教士已三十一年，现任广学会出版部主任。1961 年，梅立德在美去世。参见赵晓兰、吴潮：《传教士中文报刊史》，同上，第 340-341 页；《梅立德》，刊于"新浪博客"网站：http://blog.sina.com.cn/s/blog_44a823a80102ysni.html，引用日期：2021 年元月 2 日。

48 孙善根：《浙江近代海洋文明史·民国卷》第 2 册，北京：商务印书馆，2017 年 5 月第 1 版，第 214 页。

本章开篇提及《申报》（1921 年 1 月 5 日）曾刊登新闻报道《斐迪大学之游艺会》，从其中简要记述的游艺会之盛况可以略见当时办学规模、特色以及影响：

> 元旦下午一时半，宁波斐迪学校开游艺大会。是日到会者，有王镇守使、黄道尹、林厅长、姜知事以及中西男女来宾，约共六百余人。先由招待员引导参观本校体育室，格致试验室，青年会藏书阅报室及各级陈列所，种种成绩均大有可观。如大学部学生之发明幻影机、计算尺，中学部之铅笔画、生理剖解图，尤称特色。二时半开会，由雷校长宣读开会词，学生唱欢迎来宾歌。其后有华乐、西歌、钢琴独奏、凡亚林[49]独奏、学生演说、拳术。大学部学生扮演之西剧（茹留□撒[50]）西稚献技，至五时散会。闻是日甬嘉段铁路特开专车，停于校门前，故来宾颇称便利。[51]

在短短的十五年办学历史上，斐迪大学培养出一批饮誉海内外的知识精英。此处仅举二人为例。赵梅伯（Chao-Mei-Pa, 1905-1999 年）于民国十年（1921年）毕业于斐迪大学，同年入沪江大学，至民国十六年（1927 年）毕业，后成长为中国近现代歌唱家、声乐教育家、合唱指挥家。国际遗传学家、中国现代遗传学奠基人谈家桢（1909-2008 年）小学毕业后入读斐迪大学。学校将"圣经"列为重点课程，要求学生用英语背诵《新约》和《旧约》。谈家桢因此在斐迪大学学到纯正的英语，为日后去美留学打下良好的语言基础。[52]

民国十二年（1923 年），雷汉伯辞职养病，教育传教士裴茨（W. P. Bates）继任校长。民国十四年（1925 年）"五卅惨案"发生，学生参加全市罢工罢课活动，与校长裴茨发生冲突，离校学生达 180 余人。自此学校开始衰落，每学期学生仅四五十人。之所以如此，一方面因为传教士办学保守，阻挠学生开展爱国运动；另一方面甬人家长有意让子弟深造者，将他们送至离甬不远的上海各大学就读，学校在生源上受限。此外，席卷全国的收回教育权运动也极大地打乱了外国传教士的办学计划。至民国十六年（1927 年），斐迪大学无法维持，不得不停办。[53]

---

49 即"小提琴"。
50 即"茹留·该撒"，今译作"尤利乌斯·恺撒"（Julius Caesar，前 100—前 44 年）。
51 宁波市档案馆编：《〈申报〉宁波史料集》（五），同上，第 2238 页。
52 何学良、李疏松、[美]何思谦：《海国学志：留美华人科学家》，上海：上海人民出版社，2007 年 10 月第 1 版，第 235 页。
53 马孟宗：《外国人在宁波办学简介》，同上，第 162 页。

第三节　溯本追源思甬地：1927 年之后的斐迪大学

宁波斐迪中学（1929-1935 年）

在斐迪大学关门两年之后，《申报》（1929 年 9 月 2 日）再次刊登有关信息，在《斐迪中学定期开学》报道中，较为详细地叙述了斐迪大学在杏坛的踪迹，其原有的中学部复学开课：

> 宁波斐迪学校，系英教会创办，已有三十余年。十六年因收回教育权，发生纠纷，因之停办，迄已二载。兹有该校友袁履登、胡咏骐、陈里仁等，以提倡教育，实为当务之急，且不想良好校舍，虚置不用，爰于前日，组织董事会，向英教会全部接收，改名为宁波市斐迪中学，公推袁履登为校长一面遵照教育部私立学校章程，向市府立案。兹已聘定教员，定于九月一日招考新生，二日开学。[54]

斐迪中学于民国十八年（1929 年）复校后，由袁履登担任名誉校长，由陈里仁[55]代理校长，并向国民政府教育部立案。陈里仁成为斐迪办学史上第一位华人校长。民国二十一年-二十四年（1932-1935 年），林光庭、沈亚孟继任校长。斐迪中学校徽主体为蓝色盾牌状，印有"宁波斐迪中学"六字，其中"斐迪"二字为黄色书页背景。主体上部有细链可用于悬挂。民国二十四年（1935 年），斐迪中学与四明中学合并为浙东中学。[56]

四明中学（1923-1935 年）

民国十二年（1923 年）[57]，美国浸礼会（American Baptist Mission）和美北长老会集议，为利于教学管理，提高办学质量，将各自在宁波所办的浸会

---

54 宁波市档案馆编：《〈申报〉宁波史料集》（七），宁波：宁波出版社，2013 年 11 月第 1 版，第 3082 页。

55 陈里仁：《我所知道的长兴煤矿》，收录于中国人民政治协商会议浙江省委员会文史资料研究委员会编：《浙江文史资料选辑》，第 24 辑，内部资料，1983 年，第 173-190 页；《长兴煤矿简史》，收录于中国人民政治协商会议浙江省长兴市委员会文史工作委员会编：《长兴文史资料》，第 2 辑，1987 年；《宁波人反对东洋鱼进口纪实》，收录于宁波市政协文史资料委员会、宁波港务局合编：《宁波文史资料》，第 9 辑《宁波港史资料专辑》，内部资料，1991 年，第 151-155 页；《宁波光复前后之斐迪学生》，收录于《宁波文史资料》第 11 辑《宁波光复前后》，宁波市暨各县市区政协文史资料委员会合编，内部资料，1991 年，第 68-70 页。

56 马孟宗：《外国人在宁波办学简介》，同上，第 162 页。

57 马孟宗：《外国人在宁波办学简介》，同上，第 160 页。此处认为合并时间为民国十一年（1922 年）。

中学、崇信中学合并，改名为"四明中学"，仅收男生，由美北长老会教育传教士梅立德任校长，设初中部于宁波北门外硖桥浸会中学旧址，高中部设于江北岸槐树路崇信中学旧址。民国十四年（1925年），梅立德暂时回国，由樊正康（1893-1972年）[58]出任校长。这一年有学生295人，其中高中生119人、初中生176人，以后几年学生有所减少。至民国二十年（1931年）前后，每年一般有学生160人左右。民国二十四年（1935）四明中学与斐迪中学合并，改名浙东中学。[59]

私塾（1855-1880年）

养正书院（1880-1912年）

浸会中学（1912-1923年）

四明中学由浸会中学、崇信中学合并而成。两所教会学校的办学历史简要叙述如下。美国浸礼会传教士马高温（D. J. Macgowan，又译"玛高温"[60]）[61]于道光二十三年（1843年）到宁波传教，时在鸦片战争后不久，宁波人

---

58 樊正康，浙江镇海人，光绪二十九年（1903年）就学于上海澄衷学堂，毕业后考入沪江大学；民国五年（1916年）毕业后旋留学美国哥伦比亚大学修教育，获硕士学位，回国后曾任华东基督教教育会会长。民国十四年（1925年），樊正康任宁波浸会中学校长。民国十五年（1926年），樊正康任沪江大学教授，讲授教学法课程；民国十七年-二十七年（1928年至1938年），任沪江大学教务长，期间兼任文学院院长；民国二十七年（1938年）4月任沪江大学校务会主席，负责校务，并兼任附属中学校长。民国二十八年（1939年）5月，任沪江大学校长；民国三十一年（1942年）沪江大学停办后，拒绝校董会希望其赴内地调查迁校可能性的提议，次年被校董会准假。民国三十四年（1945年）8月，经校董事会"准销假视事"，樊正康主持复校，9月兼任沪江大学教务长；民国三十五年（1946年）2月辞职，5月赴美国游历，考察教育。民国三十七年（1948年），樊正康任中华浸信会全国联会执行干事；1972年病逝于上海。《樊正康》，收录于周川：《中国近现代高等教育人物辞典》，福州：福建教育出版社，2018年9月第1版，第663页；另外参见吴禹星、李亚林编著：《夏志清与沪江大学》，上海：学林出版社，2015年11月第1版，第22-23页。

59 宁波市教育委员会编著：《宁波市校史集》，内部资料，1989年9月，第229页。

60 傅亦民：《宁波宗教建筑研究》，宁波：宁波出版社，2013年7月第1版，第399页；俞福海主编：《宁波市志》，下，宁波市地方志编纂委员会编，北京：中华书局，1995年10月第1版，第2796页。

61 现今的宁波第二医院、中国科学院大学宁波华美医院，最初于道光二十三年（1843年）由马高温兴办，是中国最早建立的西医医院；同治十年（1871年）马高温和中国学者华蘅芳（1833-1902年）翻译赖尔（S. C. Lyell, 1797-1875年）的《地质学纲要》，同治十二年（1873年）以《地质学浅释》书名出版。参

拒绝借房子设教堂。他先在宁波行医，后治愈一士绅疾病，士绅让给他西门内大街上二间街房设为教堂，此即以后的真神堂地址。咸丰五年（1855 年），美国浸礼会传教士卫福恩（或作"魏福恩"、"卫克私"、"威尔柯"，F. C. Wilcox）、罗培生（B. E. Robison）二人在沿街教堂内开设一私塾。光绪六年（1880 年），私塾迁至盐仓门内，定名为"养正书院"。民国元年（1912 年），美国浸礼会华东差会教育传教士郝培德（L. C. Hubert）将养正书院迁到北门外碶桥，改为"浸会中学"，校长为美国教育传教士卫福恩。民国十二年（1923 年），浸会中学与长老会的崇信中学合并，改名为"四明中学"，原址设小学，先称浸会中学附小，后改为四明中学附小。[62]

崇信书院（1881-1912 年）

崇信中学（1912-1923 年）

光绪七年（1881 年），美北长老会在宁波江北岸槐树路原崇信义塾旧址，开办崇信书院。崇信义塾（1845-1867 年），又名"圣经书房"，为浙江省最早的男子洋学堂。道光二十五年（1845 年），美长老会教士韦理哲（Richard Quarterman Way，又译"祎理哲"，1819-1895 年）、卦德明（John Winn Quarterman，1821-1857 年）和麦嘉缔等在江北岸槐树路设立一所男生寄宿学校，学校开设课程有"圣经"、"四书"、"五经"、"作文"、"书法"、"算术"、"英语"、"天文地理"、"唱歌"等。凡清寒的基督徒子弟可免费供给膳宿、衣服、医疗。最初入学者有 30 余人。其程度相当于小学。同治六年（1867）秋，崇信义塾迁至杭州皮市巷，改名为"育英义塾"（1867-1897），后发展成为之江文理学院。[63]

崇信书院于民国元年（1912 年）改名为"崇信中学"，首任校长为美北长老会教育传教士励德厚（Harrison King Wright，1880-1923 年）[64]。民国七

见张秉伦、汪子春：《进化论与神创论在中国的斗争》，收录于《张秉伦科技史论集》，合肥：中国科学技术大学出版社，2018 年 12 月第 1 版，第 21-22 页。

62 宁波市教育委员会编著：《宁波市校史集》，同上，第 230 页。

63 宁波市教育委员会编著：《宁波市校史集》，同上，第 230 页。

64 励德厚于光绪二十八年（1902 年）入宁波，后到上海，曾任广学会编辑，著述包括：《美国开始大总统华盛顿纪事本末》（*The Life of George Washington, First President of The United States*），美国励德厚牧师（Rev. Harrison King Wright）译，徐翰臣笔述，封面标"上海广学会译印"，扉页标"民国三年岁次甲寅，上海广学会藏版"。有关该书出版信息参见罗文军编注：《汉译文学序跋集》第 2 卷

年（1918 年），梅立德继任校长。民国十二年（1923 年），经长老会与浸礼会两教会协议，崇信中学与浸会中学合并，改名为四明中学。[65]

浙东中学（1935-1952 年）

浙东中学校址设立在斐迪学校原永久性校址——江北岸泗洲塘。浙东中学因由三家教会学校合并而成，因此由美国浸礼会、美北长老会及英国偕我公会合办。首任校长为寿子鲲，提出"诚朴爱"校训。浙东中学初开 8 个班级，约 400 人左右，教学秩序稳定，为宁波市著名私立中学之一。民国二十六年（1937 年）全面抗战爆发，日军敌机时来空袭。民国二十七年（1938 年），浙东中学建分校于奉化浦口王村，另在诸暨唐仁（一说诸暨牌头）设立分部。民国二十九年（1940 年），分校迁回宁波旧地办学。民国三十年（1941 年）宁波与诸暨先后沦陷，学校辗转各地，教学时断时续。抗战胜利后，浙东中学于民国三十四年（1945 年）11 月在宁波复校。原泗洲塘校址由于敌伪破坏，荡然无存，遂借城内圣模小学（即今十六中学旧址）办学，次年又借江北岸槐树路崇信小学辟为一分部。至民国三十六年（1947 年），学校始固定于新马路旧仁济医院遗址。[66]

1949 年解放后，罗马天主教会在宁波所办的益三中学奉命并入浙东中学。光绪二十九年（1903 年），益三中学由罗马天主教法国传教士在宁波创办，校名初称"中西毓才学堂"，校址设在江北岸泗洲路，但在北伐时改为"养老院"。后罗马天主教会在原址设毓才小学，男女分校，学制与其它小学类似，规模不大；抗战胜利后续设毓才中学。民国三十七年（1948 年），学校改组，易名为"益三中学"，分男子部及女子部授课，学制到高一为止，人数不多。1949 年 10 月宁波解放后，学校停办，师生并入浙东中学。[67]

1950 年，新教教会给浙东中学送来人民币 500 元作为学校经济补助，当时

（1911-1921），2017 年，第 85 页。《旧约历史》，[美]励德厚著，陈金镛编辑，上海，广学会，1923 年 1 月 31 日，初版。该书信息参见黄薇、刘璐：《对圣经研究在中国的一些思考——兼看民国圣经研究概况》，收录于陶飞亚、杨卫华编：《宗教与历史 7：汉语文献与中国基督教研究》，下，2016 年 1 月第 1 版，第 278 页。

65 宁波市教育委员会编著：《宁波市校史集》，同上，第 230 页。

66 宁波市教育委员会编著：《宁波市校史集》，同上，第 229 页；马孟宗：《外国人在宁波办学简介》，同上，第 163 页。

67 傅璇琮主编：《宁波通史 5：民国卷》，宁波：宁波出版社，2009 年 8 月第 1 版，第 536 页；马孟宗：《外国人在宁波办学简介》，同上，第 164 页。

通过全体教师讨论，将该款全数退回。从此浙东中学与英美教会断绝关系。[68]

宁波市第四中学（1952 年-）

1952 年 12 月，人民政府接管浙东中学，改校名为"宁波市第四中学"（简称"宁波四中"），一直沿用至今。宁波四中官方校史有"一个源头、两条干流、三条支流"之说[69]。"一个源头"指美国长老会于道光二十五年（1845 年）创办的崇信义塾。它被认为是四中办学史上的最早源头，后几经曲折演变，于民国元年（1912 年）发展成为崇信中学。但是，从上述历史梳理来看，崇信义塾后迁出宁波，成为之江文理学院的源头；在崇信义塾的旧址上，光绪七年（1881 年），美北长老会开办崇信书院，并于民国元年（1912 年）将崇信书院改名为崇信中学。因此，崇信义塾并不能被视为宁波四中的源头。所谓的"两条干流"，其中一条是美国浸礼会于咸丰五年（1855 年）在西大街创办的私塾，于民国元年（1912 年）发展成为浸会中学。民国十二年（1923 年）浸会中学与崇信中学合并成四明中学。另一条是传教士于咸丰十年（1860）年在竹林巷创办的私塾，于民国十九年（1930 年）发展成为斐迪中学，以江北泗洲塘为永久性校址。实际上，斐迪中学于民国十八年（1929 年）恢复办学。民国二十四年（1935 年），经三方教会协议，四明中学和斐迪中学合并，取名浙东中学。"三条支流"，即 1949 年 10 月益三中学并入；1964 年宁波市劳动局技校并入；1965 年江北初中并入，汇合发展形成今天的宁波四中。2003 年 8 月，宁波四中由江北新马路迁至江北姚江岸文教路新址；2008 年 7 月，宁波市教育结构重新布局，联丰中学并入宁波四中。至此，宁波四中已经可有"四条支流"之说。

从本书所依据的史料来看，宁波四中的办学历史使用"三个源头"（浸会中学、斐迪中学、崇信中学）、"两个支流"（四明中学、浙东中学）和"四条支流"（益三中学、宁波市劳动局技校、江北初中、联丰中学）可能更为准确（参见"宁波四中校史简图"）。在整个宁波四中校史上，新教的浸礼会、偕我公会（圣道公会）、长老会以及罗马天主教会都为之作出一定的贡献。

---

68 马孟宗：《外国人在宁波办学简介》，收录于浙江省政协文史资料委员会编：《浙江文史集粹第 5 辑：教育科技卷》，内部资料，1996 年，第 132 页

69 《四中概况》，参见"宁波第四中学"官网：https://baike.baidu.com/reference/10777124/3913iGvzL4MlsicFsO-Pv5NJjD7FRuQ3Wy0piWTBVbK_Dpsx4cJ3vAxLggvf9OscImBsb2pyWBAG4XTqqq34bevFzB7MZSk4oifSeg，引用日期：2021 年元月 2 日。

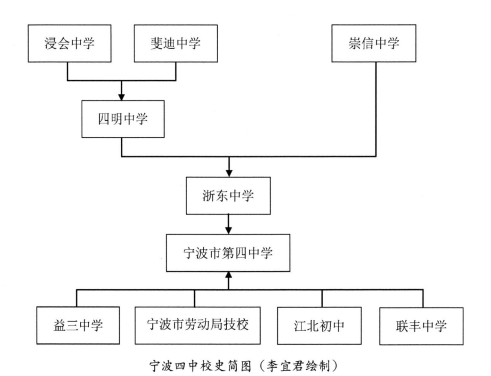

宁波四中校史简图（李宜君绘制）

第四节　惟有幽花度水香：斐迪大学遗存录

斐迪大学在整个建校过程中多次变迁办学地址：大书房时期（1860-1867年），位于竹林巷，现位于海曙区解放北路的北端；斐迪书房（1867-1884年）时期，初设立于开明讲堂，位于华楼街与开明街交界处，后迁至江北岸槐花树路，即盐仓门对江；华英斐迪书房（1884-1906年）时期，再先迁至外滩老巡捕房侧，即原太古码头附近，后迁至周家桥河边，即原里马路何家弄斜对面一邬姓民房内；华英斐迪学堂（1906-1912年）时期，开始建立永久性校址，位于泗洲塘；斐迪大学（1912-1927年）时期，继续在泗洲塘校址办学。泗洲塘虽然成为学校的永久性校址，但在抗日战争期间被毁。开明讲堂最初位于宁波市海曙区开明街 379 号[70]，已被拆除。1965 年，宁波锅炉厂建于斐迪大学泗洲塘原校址之上，位于宁波江北区原人民路北段西，具体位置为人民路545 号，[71]今已搬迁，不复存在。

---

70 俞福海主编：《宁波市志》，下，同上，第 2801 页。

71 《纵横——中国商品指南》编辑部编辑：《纵横——中国商品指南：浙江分册》，
　北京：人民邮电出版社，1989 年 6 月第 1 版，第 231 页。

附录：斐迪校史及其校长名录

大书房（1860-1867 年）

不详

斐迪书房（1867-1884 年）

阚斐迪，1867-1884 年

华英斐迪书房（1884-1906 年）

阚斐迪，1884-1890 年

牧作霖，1890-1903 年

雷汉伯，1903-1906 年

华英斐迪学堂（1906-1912 年）

雷汉伯，1906-1912 年

斐迪大学（1912-1927 年）

雷汉伯，1912-1923 年

裴茨，1923-1927 年

第五章　简在帝心：湖滨大学

湖滨大学

1912-1926 年；1928-1929 年

Huping Christian College

岳阳市岳阳楼区南湖风景区黄沙湾

第一节　其以帝之灵光：复初会与海维礼夫妇在岳阳

晚年的海维礼夫妇，分别为左一、右一。[1]

1　照片取自网站 Hoy-Hermenet Web Site 中的海氏家族（Hoy Family）信息：http://www.eltiste-kaiser.com/HoyFile/Hoy-1/WmMaryBelleHoy.htm，引用日期：2021 年元月 7 日。

新教传教士在湖南先后创办过五所教会大学，分别是湖滨大学（Huping Christian College, Lakeside College）、雅礼大学、湘雅医学院、信义大学以及湖南圣经学院，最终除湘雅医学院由私立转为公立而延续至今，其余都未能实现华丽转身，反而或被转并入其他教会大学，或被迫停止办学，从而使自身过早地消失在中国近现代高等教育史之中。对此，上文引述的中国基督教史学者王治心在民国二十九年（1940 年）出版的《中国基督教史纲》中提及，直至该书出版之际：

> ……此外有几个业已不复存在的大学，如岳州的"湖滨大学"，长沙的"雅礼大学"，宁波的"斐迪大学"，益阳的"信义大学"，九江的"南伟烈大学"等等，亦曾造就过不少人材，但因种种关系，与他校合并或停办了。[2]

湖滨大学正属于在教会大学时代因合并而消失的教会大学之一。

在湘五所教会大学中，湖滨大学大概最不为人所知。它被认为是后来的岳阳师范学校、湖南民族职业学院、湖南生物机电职业技术学院、湖南理工学院、湖滨大学以及华中师范大学等诸多学校的源头或来源之一，而其校园与现今的岳阳市委党校、岳阳特殊教育学校以及被列为国家级文物保护单位的"岳阳教会学校遗址"等直接联系在一起，对岳阳的小学、初中、高中、师范、卫校、农校直至本科教育体系现代化留下不可磨灭的印记。在中共党史上，湖滨大学也曾留下重要一笔。民国十年（1921 年），毛泽东（1893-1976年）第三次环洞庭湖游学，到此教会大学考察教育，并与教职员工交谈。[3]若探究湖滨大学寂寂无名之因，大概有三：其一，办学历史短；其二，地处非核心城市；其三，独创湖滨大学以及合建福建协和大学的美国复初会在华新教中属于名不经传的小教会，在人力、财力上不可能与赫赫有名的大教会可比。

湖滨大学的永久性校址位于现今的岳阳市岳阳楼区南湖风景区黄沙湾。岳阳（Yoeyang/Yoyang）历史悠久。东汉献帝建安十五年（210 年），孙权（182-252 年）派鲁肃（172-217 年）镇守巴丘邸阁，筑巴丘城[4]，岳阳自此正式建城。

---

2 王治心：《中国基督教史纲》，上海：青年协会书局，1940 年；参见王治心：《中国基督教史纲》，徐以骅导读，上海：上海古籍出版社，2004 年 4 月第 1 版，第 276 页。

3 高克勤主编：《中共岳阳市地方史第一卷：1919-1949 年》，中共岳阳市地方史编纂委员会编著，北京：中共党史出版社，2005 年 11 月第 1 版，第 39 页。

4 同德斋主人编：《湖湘文库（甲编）：广湖南考古略 1》，长沙：湖南教育出版社，2010 年 12 月第 1 版，第 346 页。

西晋太康元年（208 年）建巴陵县，属巴陵郡管辖，城区始称巴陵城。隋文帝开皇九年（589 年），废郡为州，巴陵郡改为巴州；十一年（591 年），改巴州为岳州，设巴陵县，巴陵城改称岳州城。元顺帝至正二十四年（1364 年），吴王朱元璋（1328-1398 年）攻占岳州，定之为岳州路。明太祖洪武二年（1369 年），改岳州路为岳州府（Yochow City），辖治巴陵县；洪武九年（1376 年），废巴陵县入岳州；洪武十四年（1381 年）复置巴陵县，隶属岳州府。[5]光绪二十五年（1899 年）11 月，清政府制定"岳州章程"，在"约开"之外，划定湘南北部重镇岳州城北 5 公里外城陵矶为"自开"通商场，由中国地方政府管辖，对它行使领土主权。外国人在通商场内只有居住权和经商权，不享有租界内的行政、警察、司法、税收等特权，租地以 30 年为期限，到期中国有权收回。后清廷把岳州章程视作自开商埠的"蓝本"[6]。至中华民国二年（1913），民国政府废府存县，巴陵县改称岳阳县，将全县划为东南西北中五区，县城设城厢镇。中华人民共和国成立后，岳阳县人民政府建立，城厢镇改为城厢区；1953 年，城厢区改为城厢镇。1960 年，岳阳市成立，属县辖市。1962 年，岳阳市撤销，恢复岳阳县城关镇。1975 年，城关镇升格，恢复为岳阳市，属地辖市。1981 年，岳阳县撤销，其行政区域全部划归岳阳市。1983 年，岳阳县恢复，归岳阳市管辖至今，将原岳阳县的农村区、镇、乡划归岳阳县，岳阳市辖 5 个城市区等区域。1996 年，经国务院批准，原岳阳市南区与郊区合并为岳阳楼区。[7]

创建湖滨大学的美国复初会，英文名为 Reformed Church in the United States（RCUS），即美国归正会，长期被称作 German Reformed Church，即德美归正会，又译"大德美复初会"、"德美复初会"、"大美复初会"，由德裔、瑞士裔美国人创建，属改革宗或加尔文宗，因主张恢复新教最初的教会组织制度而得名。早在美国独立之前的 1725 年（雍正三年），复初会在费城附近建立第一家教会；1793 年（乾隆五十八年），建立复初会总会（Synod of the German Reformed Church）。1934 年（民国二十三年），美国复初会与北美福音总会

5　复旦大学历史地理研究所《中国历史地名辞典》编委会编：《中国历史地名辞典》，南昌：江西教育出版社，1986 年 8 月第 1 版，第 152 页。

6　顾云深等主编：《鉴往知来：百年来中美经济关系的回顾与前瞻》，上海：复旦大学出版社，1999 年 10 月第 1 版，第 256 页。

7　文史委：《岳阳楼区建置沿革》，收录于邓建龙主编：《岳阳楼区文史》，第一辑，中国人民政治协商会议岳阳市岳阳楼区委员会文史学习联谊委员会编，内部资料，1998 年，第 1-5 页。

（Evangelical Synod of North America）合并为美国福音归正会（Evangelical and Reformed Church）。[8]

美国复初会于 20 世纪初入湘，历时近半个世纪，先后创建湘北区会和湘西区会。湘北区会的历史最早可上溯到光绪二十六年（1900 年），美国复初会差派海维礼（William Edwin Hoy，1858-1927 年）至自开通商口岸岳州，获先来岳州传教的伦敦会帮助，购得一处民房，旋即因义和团运动而离开。翌年，海维礼携眷来岳州。光绪二十八年（1902 年），伦敦会将其在岳州的全部教产售予美国复初会，海维礼正式在岳州从事传教、教育以及医疗三合一的工作。下文另外专门介绍他在创建湘北区会上所作出的诸多贡献。民国二年至十五年（1913-1926 年），湘北区会在临湘、华容、桃林、梅溪桥、城陵矶、新墙等地建堂，随后在陆城、云溪、羊楼司、聂家市、南县、三仙湖、忠坊、贺家坊、篦口建立教会。全区教徒有 500 余人。民国十六年（1927 年）初，因"大革命"爆发，美国复初会传教士逃离湘北；次年，重返湘北。全面抗战时期，湘北沦陷，该会教堂、医院、学校大多被毁。抗战胜利后，美国复初会传教士返湘恢复工作；至民国三十八年（1949 年），恢复岳阳、湖滨、桃林、云溪、临湘等地 9 个教堂和 9 个支堂，共有美籍传教士 5 人、英籍传教士 30 人，教徒 888 人。[9]

就湘西区会而言，光绪三十年（1904 年），英格兰长老会的克威廉医生（Dr. William Kelley）夫妇至辰州府（Shenchoufu，今属怀化市）开教。克威廉获得"辰州教案"[10]赔款的一半（约 5，000 英镑），在辰州府东购地 80 余亩，建成医院和学校，并要求成为美国复初会在华成员。这笔赔款及所购置财产随之移交给岳州的海维礼。光绪三十四年（1908 年）至民国十八年（1929

---

8 雅各·克劳福德（James Crawford）：《美国复初会的历史与特征》（History and Characteristics of the Reformed Church in the United States），收录于《长老会历史学会学刊》（*Journal of the Presbyterian Historical Society*，1901-1930 年），第 1 卷第 1 期（1901 年），第 32-40 页，长老会历史学会（Presbyterian Historical Society）出版，全文电子版参见网站：https：//www.jstor.org/stable/23322656?seq=1#metadata_info_tab_contents，引用日期：2021 年元月 7 日。另外参见《美国复初会》（Reformed Church in the United States），刊于《美加教会年鉴》（Yearbook of American & Canadian Churches）官方网站：https：//www.yearbookofchurches.org/reformed-church-united-states，引用日期：2021 年元月 7 日。

9 湖南省地方志编纂委员会编：《湖南省志：宗教志》，长沙：湖南人民出版社，1999 年 9 月第 1 版，第 422-423 页。

10 关于"岳阳教案"，参见湖南省地方志编纂委员会编：《湖南省志：宗教志》，同上，第 496 页。

年），美国复初会在湘西有教徒 600 余人，遂成立湘西区会。全面抗日战争爆发期间，因经济外源减少，该区会未增加支堂和学校。1952 年，最后一名美国复初会传教士回国后，湖南分会行使湘西区会管辖权。[11]

美国复初会入华先驱传教士海维礼出生于美东北部宾夕法尼亚州的米夫林堡（Mifflinburg）。1882 年（光绪八年），海维礼毕业于"富兰克林与马歇尔学院"（Franklin and Marshall College），获文学士学位；1885 年（光绪十一年），从兰卡斯特神学院（Lancaster Theological Seminary）毕业，获硕士学位；同年，在兰卡斯特神学院入美国复初会，经过培训和考试，获传教士身份；隔年奉派赴日本布道兴学，驻仙台（Sendai），任仙台大教堂主牧，开办东北学院（Tohoku Gakuin）和宫城学院（Miyagi Gakuin）男、女两校并担任校长。[12]1898 年（光绪二十四年），海维礼因健康原因第一次入华，赴沪休养三个月，曾从沪出发溯长江而上，经南京、九江到汉口，之后决定来华拓展传教事业。[13]光绪二十五年（1899 年），海维礼正式受派第二次来华，以三湘为传教地点，因义和团运动爆发而回日本。义和团运动结束后不久，光绪二十七年（1901 年）2 月，海维礼与夫人海光中（Mary Belle Adult Hoy, 1863-1937 年）、五个子女[14]等一行从日本镰仓（Kamakura）启程前往中国；3 月抵达中国后，先把

11 湖南省地方志编纂委员会编：《湖南省志：宗教志》，同上，第 423 页。

12 向景葵、刘燕林、周钟声：《湖滨大学》，北京：团结出版社，2018 年 8 月第 1 版，第 4 页。

13 [美]海维礼（William Edwin Hoy）：《美国复初会在华传教史》（*History of the China Mission of the Reformed Church of the United States*），宾夕法尼亚州费城（Philadelphia, Pa.）：美国复初会海外传道会（Board of Foreign Missions of Reformed Church in the United States），1914 年，第 47 页。

14 海维礼、海光中共生有六子。长子卡尔（Carl Witmer Hoy, 1889 年）1889 年（光绪十五年）在日本出生当天过世。次子小威廉（William Edwin Hoy Jr., 1890-1973 年）在美国担任大学生物学教职，其他四个子女均与中国相连。长女海爱义（Gertrude Blanche Hoy, 1892-1980 年），从美国大学毕业后，于 1913 年（民国二年）以美国复初会传教士身份至岳州，先在贞信女校任教，后任校长，一生未婚，1949 年被迫离开中国。离开中国后，她前往日本仙台。1958 年，她被派到香港真光女子学校工作，直到 1965 年退休。退休后，她回宾夕法尼亚州兰开斯特。次女梅贝尔·露丝·凯耶（Mabel Ruth [Hoy] Kaier, 1893-1970 年），民国五年（1916 年）与在长沙市基督教青年会和益阳桃花仑工作的挪威信义会传教士、信义中学、信义大学教师夏义可（Nicolai Kiaer, 1882-1934 年）结婚。夏义可在教游泳课时，在资江溺水而亡。三子大卫·施耐德·霍伊（David Schneder Hoy, 1895-1902 年）于光绪二十八年（1902 年）因霍乱在岳州离世，先他母亲安葬在汉口的万国公墓。幼子查尔斯·麦考利·霍伊（Charles McCauley Hoy, 1897-1923 年）工

家人暂时安顿在庐山牯岭，只身至岳州施医兴学，以辅布道，开启在岳州前后 27 年的传教生涯。[15]是年底，海维礼将全家安顿在岳州。光绪三十四年（1908 年），海维礼利用"辰州教案"部分赔款及总部拨款在塔前街购地 60 余亩，扩建教堂、医院、学堂和住宅。民国十六年（1927 年）"大革命"爆发后，海维礼病逝于回美的船上，后安葬在他出生小镇的墓园。海维礼的母校"富兰克林与马歇尔学院"于 1903 年（光绪二十九年）授予他道学博士学位（D. D.），海德堡学院（Heidelberg College）于民国十四年（1925 年）授予他法学博士学位（L. L. D.）。[16]海维礼在岳州除创办湖滨大学之外，还创建贞信女校、护士学校、岭南小学和岭东小学，在临湘县创办桃湖小学等 5 所教会小学[17]，将西方先进的科学教育文化传入岳阳。

　　海光中出生于美国宾夕法尼亚州坎伯兰县（Cumberland County）的梅卡尼克斯堡（Mechanicsburg），从宾夕法尼亚州库茨敦（Kutztown）的基斯顿州立师范学校（Keystone State Normal School）毕业后从教，于 1885 年（光绪十一年）作为美国复初会传教士前往日本，次年抵达日本，在海维礼创立的女

作于美国华盛顿特区的史密森尼学会（Smithsonion Institution），民国三年（1914年）在洞庭湖城陵矶水域捕获一头体长逾 2 米的雄性白鱀豚，由此采集到世界首例白鱀豚样本，并于民国十二年（1923 年）在上海《中国科学美术杂志》（*The China Journal of Science Arts*）发表题为《洞庭湖里的白旗豚》（The "White-Flag" Dolphinof the Tung Ting Lake）的文章，引起中外水生物学界极大关注，被誉为第一个向世界宣布发现白鱀豚并制作世界第一个白鱀豚标本的人。民国十二年（1923 年），他在岳州采集到两只鸟样本，后被证实是以前未记录的鸟类，以他的名字命名为 Pycnonotus hoyi。Hoyi 即 Hoy 的拉丁文。同年，他在庐山考察时，被自己的枪意外击中腿部，伤口感染离世，被葬在庐山的牯岭墓园（Kuling Estate Cemetery）。以上人物简历参见网站 Hoy-Hermenet Web Site 中的海氏家谱（Hoy Family）信息: http: //www.eltiste-kaiser.com/HoyFile/Hoy-1/WmMaryBelleHoy.htm，引用日期: 2021 年元月 7 日；另外参见方金琪:《传教士与岳阳之一: 海维礼、海光中夫妇》，2018 年 1 月 17 日，刊于加拿大中文医疗保险资讯网（http: //www.healthChinese.ca），网址: http: //paper.healthchinese.ca/hoy/，引用日期: 2021 年元月 8 日。

15 方金琪:《传教士与岳阳之一: 海维礼、海光中夫妇》，2018 年 1 月 17 日，刊于加拿大中文医疗保险资讯网（http: //www.healthChinese.ca），网址: http: //paper.healthchinese.ca/hoy/，引用日期: 2021 年元月 8 日。

16 方金琪:《传教士与岳阳之一: 海维礼、海光中夫妇》，同上。

17 参见岳阳市地方志办公室编著:《岳阳市志 12: 人物卷》，北京: 中央文献出版社，2004 年 12 月第 1 版，第 239 页；湖南省地方志编纂委员会编:《湖南省志: 宗教志》，同上，第 436 页。

子学校任教，1887 年（光绪十三年）在东京同海维礼结婚。[18]民国十六年（1927年）"大革命"爆发，海光中离湘，之后回到岳阳，继续布道兴学。民国二十六年（1937 年）海光中在湘离世，安葬在湖北汉口的万国公墓（International Cemetery, Hankow, Hupeh）[19]。墓地于 20 世纪 50 年代被毁。[20]

普济医院（1902-1951 年）

岳阳县人民医院（1951-1980 年）

岳阳市人民医院（1980-1986 年）

岳阳市第二人民医院（1986-）

　　义和团运动结束不久，海维礼于光绪二十七年（1901 年）来到当时的岳州府巴陵县，租借巴陵县城厢镇吕仙亭街 22 号彭都司公馆旧址[21]。不久，海维礼在城南慈氏塔下购置地皮，兴建福音堂，同时在慈氏塔下摆设西药。次年，海维礼在慈氏塔下建"普济医院"，被称为"岳阳市西医最早发源地"[22]。海维礼用离世不久的三子之名为医院英文院名，即 David Schneder Hoy Memorial Hospital，简称为 Hoy Memorial Hospital（霍伊纪念医院），纪念儿子立志从事医学传教士的愿望。医院只设门诊和住院两部，不分科室，医疗器械仅 1 台低倍显微镜。全面抗战爆发后，岳阳沦陷，医院迁往沅陵；抗战胜利后，于民国三十四年（1945 年）10 月迁回岳阳。普济医院曾开办护士培训学校（1930-1936年）[23]。1951 年，人民政府接管医院，改名为岳阳县人民医院；1980 年，改名为岳阳市人民医院；1986 年，改为现名岳阳市第二人民医院。[24]

岳州女学堂（1901-1907 年）

18　方金琪：《传教士与岳阳之一：海维礼、海光中夫妇》，同上。宾夕法尼亚州兰卡斯特（Lanscaster）县中心档案与图书馆保留有 15 卷海维礼书信与照片。

19　参见网站 Hoy-Hermenet Web Site 中的海氏家谱（Hoy Family）信息，网址：http: //www.eltiste-kaiser.com/HoyFile/Hoy-1/WmMaryBelleHoy.htm，引用日期：2021 年元月 7 日。

20　方金琪：《传教士与岳阳之一：海维礼、海光中夫妇》，同上。

21　向景葵、刘燕林、周钟声：《湖滨大学》，同上，第 11 页。

22　市卫健委：《岳阳市第二人民医院简介》，发布时间：2020-09-11 15：43，刊于岳阳市人民政府官方网站：http://www.yueyang.gov.cn/cxjs/12114/12156/12303/content_410876.html，引用日期：2021 年元月 8 日。

23　岳阳市地方志办公室编著：《岳阳市志10》，北京：中央文献出版社，2003 年 10月第 1 版，第 75 页。

24　参见《发展历程》，刊于"岳阳市第二人民医院"官方网站：http://www.yys2yy.cn/index.php?cate--cid-9.html，引用日期：2021 年元月 8 日。

美立贞信女学堂（1907-1922 年）

岳阳私立贞信女子初级中学（1922-1951 年）

长沙区立师范学校（1951-1953 年）

湘潭区立师范学校（1953 年）

岳阳师范学校（1953-1969 年）

岳阳县城南中学（1969-1974 年）

岳阳县第三中学（1974-1975 年）

岳阳市第三中学（1975 年-）

　　光绪二十一年（1901 年）末，海光中和孩子在岳州与海维礼团聚后，在岳州慈氏塔北的塔前街（今羊叉街）租借房屋，始办岳州女学堂[25]，英文校名称 Yochow City Girls' School，即岳州府女子学校，并具体负责女学堂的工作。次年，美国复初会教育传教士席梅尔小姐（Miss S. Emma Ziemer）加盟，后于光绪三十二年（1906 年）接任校长。[26]光绪三十三年（1907 年）岳州女学堂迁至塔前街乾明寺新址，改校名为"美立贞信女学堂"，以席梅尔之名定英文校名为 Ziemer Memorial Girls School，即席梅尔纪念女学堂[27]。贞信女学堂被认为是湖南第一所女校，成为近现代岳阳女子教育发端的标志。民国四年（1915 年）冬，校舍因火付之一炬；次年重建校舍，民国七年（1918 年）落成，俗称"美国楼"。民国十一年（1922 年），学校改用新学制，并更名为"岳阳私立贞信女子初级中学"，组织建立校董事会。自此以后，学校始由国人自办。[28]段韫晖（1887-1962 年），又名段瑾，湖南宁乡县龙凤山人，是宁乡乃至湖南妇女运动的先驱者，民国二十年（1931 年）在贞信女子初级中学教书，不久离职。[29]民国二十七年（1938 年），贞信女子初级中学因战乱西迁至沅陵并与贞德女子中学联合办学。

　　民国三十四年（1945 年）9 月岳阳解放后，贞信女子初级中学遵循人民

25　向景葵、刘燕林、周钟声：《湖滨大学》，同上，第 19 页。

26　[美]海维礼：《美国复初会在华传教史》，同上，第 74、93、141 页。

27　也有资料记述：光绪二十一年（1901 年）海光中将她在岳州城厢镇塔前街创办的一所女子学校扩建于乾明寺，命名为"美立贞信学校"。参见湖南省教育史志编纂委员会编：《湖南近现代名校史料》，3，长沙：湖南教育出版社，2012 年 3 月第 1 版，第 2217 页。

28　湖南省教育史志编纂委员会编：《湖南近现代名校史料》3，同上，第 2217-2223 页。

29　黄祖同：《妇运先驱段韫晖》，收录于喻亚军主编：《宁乡文史精选》，北京：方志出版社，2011 年 8 月第 1 版，第 269 页。

政府法令安排课程和开展各项工作，正式脱离教会管理。1951 年底，贞信女子初级中学由长沙专属接管，改为长沙区立师范学校；因区划调整，1953 年更名为湘潭区立师范学校，同年，复改名为岳阳师范学校[30]。岳阳师范学校初创时期，接收原贞信女子初级中学的全部校产，并留用大部分教职员工。

1964 年，岳阳师范分校在奇家岭建立。"文化大革命"期间的 1969 年，岳阳师范学校停办，在原址建城南中学。1974 年，城南中学改为岳阳县第三中学；1975 年，又改为岳阳市第三中学，并沿用至今。原 20 世纪初建立的教学楼于 20 世纪 90 年代初被拆除。岳阳市第三中学现位于乾明寺 124 号。

岳阳师范学校（1979-2003 年）
湖南民族职业学院（2003 年-）

1979 年，岳阳师范学校另外择地重建。[31]2003 年，经湖南省政府批准，岳阳师范学校升格为全日制普通高等院校——湖南民族职业学院（Hunan Vocational College for Nationalities）[32]，并沿用至今，校址位于岳阳市学院路。

YOCHOW CITY GIRLS' SCHOOL

1914 年之前的美立贞信女学堂。取自[美]海维礼：《美国复初会在华传教史》，第 120-121 页之间插图。

---

30 人民教育编辑部编：《中国中等师范名校集》，北京：人民美术出版社，2000 年 6 月第 1 版，第 303 页。此书认为岳阳师范学校建于 1951 年。

31 人民教育编辑部编：《中国中等师范名校集》，同上。

32 《岳阳县年鉴》编辑委员会编：《岳阳县年鉴（2006）》，内部资料，2006 年 12 月，第 390 页。

第二节　吾学为人于斯：湖滨大学的建立与合并

英文培训班（1901 年）

求新学校（1902-1907 年）

盘湖书院（1907-1912 年）

湖滨大学（1912-1926 年；1928-1929 年）

　　湖滨大学的办学历史上溯到义和团运动结束后不久的光绪二十七年（1901 年）。其时海维礼在岳州刚刚落脚，旋即在家中开办英文培训班，只有 4 名小学生，成为海维礼在华教育工作的基石。光绪二十八年（1902 年）9 月，海维礼在距离岳州城南 6 英里洞庭湖畔的黄沙湾塔前街的福音堂附近建一间教室，设小学，提供启蒙教育，名曰"求新学校"（Seek New Learning School），也称"求新学堂"。此校与上述的女学堂成为湖滨大学办学的两个源头。光绪二十九年（1903 年），海维礼在《湖南官报》肆百号（癸卯五月十七日）发表《岳州大德美复初会求新学堂序并章程》[33]。学校初始只有海维礼和中国教师 1 名，共同担负教学任务，教 9 名小学生，教学条件简陋。[34]随着教学规模扩大，美国复初会决定建新校园。

　　海维礼全家于光绪二十九年（1903 年）回美。海维礼参加博士学位论文答辩，获得道学博士学位，并筹捐巨款。次年冬，海维礼全家返回岳州。返华后，海维礼筹备建校工程；光绪三十年（1904 年）12 月 24 日，在岳州城以南 4 英里洞庭湖东岸黄沙湾湖滨之地购地 13 亩。对建校情况，他在提交给美国复初会的报告中详细记述如下：

　　　　1906 年 2 月的最后一天，我和我们另一个教友梅森去了湖边以确定建筑物的位置。第二天，也就是 1906 年 3 月 1 日，我们着手建设工作，直到 1907 年 2 月初，我们顺利竣工。建设过程十分艰辛，我们没有建筑师，没有承包商，没有任何形式的中间商。我负责做出计划，购买材料并监管施工过程。所有建筑都用砖砌而成，建筑成本为：霍夫曼堂（Hoffman Hall）[35]，3,346.16 美元；大讲堂

33　姜浩：《城陵矶私立东陵小学有关材料》，收录于中国人民政治协商会议岳阳市委员会文史资料研究委员会编：《岳阳文史》，第 4 辑，中国人民政治协商会议岳阳市委员会文史资料研究委员会，内部资料，1985 年 12 月，第 103 页。

34　[美]海维礼：《美国复初会在华传教史》，同上，第 121 页。

35　以美国捐款人霍夫曼（George W. Hoffman）夫妇命名。参见[美]海维礼：《美国复初会在华传教史》，同上，第 123 页。

（Recitation Hall），3,032.16 美元；餐厅和体育馆，1,335.36 美元；厨房和储藏室等，39.01 美元；浴室、理发店和其它外体建筑，555.10 美元；购买地皮，631.34 美元；匹兹堡传教士住所[36]，1,500.00 美元；总成本为 16,859.13 美元。一半的中国人很难相信新校能建造成功，来访的传教士也十分震惊。用这笔钱修成新校，可谓是一个奇迹。[37]

　　海维礼从购地到校舍建成先后仅使用两年时间，在资金使用上，财务报告精确到分，可谓"锱铢必较"。光绪三十三年（1907 年）2 月 23-26 日，求新学校迁址湖滨，因临洞庭湖，遂改名为"盘湖书院"（Lakeside Schools，校名亦有"盘湖学院"、"傍湖学校"或"旁湖学校"的记载[38]），开始招收中学生。海维礼担任董事长和校长。副校长是赖美德（又译"雷默德"，William Anson Reimert，1877-1917 年）[39]，其他成员有：书记（即秘书）保尔格，会计雷克玉，教员有海维礼妻子、保师母、赖师母（或"雷师母"，Mary Agnes Snyder Reimert）、巴克满、泰特夫妇、尹特夫妇，以及何谓信等。除何谓信是英国人外，其余都是美国人。本国教师，外聘的有国文教师傅环澄、侯小堂、邓痴忠、丁衡丰、李洞庭、孙莘伍（1864-1931 年）等人。[40]是年 7 月，海维礼全家回美，安排子女在美读书，继续为刚刚落成的学校向美国教育部申请注册，申请授予本科学位授予资格。

---

36 以捐款机构匹兹堡长老会总会（Elders of Pittsburgh Synod）命名。参见[美]海维礼：《美国复初会在华传教史》，同上，第 123 页。此处原为海维礼的住宅，后成为图书馆兼理化馆。

37 胡岳君：《岳州湖滨大学创办始末》，刊于《档案时空》，2006 年第 11 期，第 49 页，另外全文电子版参见岳阳市档案局：《岳州湖滨大学创办始末》，刊于"岳阳市档案馆"官方网站：http：//www.yueyang.gov.cn/daj/6658/6667/content_697746.html，编稿时间：2017-03-28 09：45，引用日期：2021 年元月 7 日。

38 岳阳市档案馆编：《岳阳市档案馆指南》，北京：中国档案出版社，1994 年 7 月第 1 版，第 46 页。

39 参见[美]巴索洛穆夫（Allen R. Bartholomew）：《湖滨殉教士：赖美德的生命历程》（*The Martyr of Huping*：*the Life Story of William Anson Reimert*），Philadelphia，Pa.：Board of Foreign Missions，Reformed Church in the United Stated，1925 年，特别参见第 77-78 页。

40 向景葵、刘燕林、周钟声：《湖滨大学》，同上，第 30 页。

RECITATION HALL, LAKESIDE SCHOOLS

HOFFMAN HALL DORMITORY, LAKESIDE SCHOOLS
The gift of George W. and Agnes Hoffman, Gettysburg, Pa.

大讲堂（上图，用作教室）以及霍夫曼堂（下图，用作学生宿舍），取自[美]海
维礼：《美国复初会在华传教史》，第120-121页之间的插图。

宣统二年（1910 年），盘湖书院全面建成，大小建筑总计有 39 栋，总占地面积 200 多亩，另外有 3，000 亩农场土地。正斋即大学部正式开班，学制 4 年，为岳阳近现代史上设立的第一所正规大学。第一届大学新生有 6 人。民国元年（1912 年），书院正式更名为湖滨大学，英文校名为 Huping Christian College[41]，即湖滨基督教学院，附设小学、中学。民国（1922 年），湖滨大学在美国教育部正式注册，并获得认证。20 世纪 20 年代初，时任校长、校友郭发潜又在湖滨大学增办附属完全中学、完全小学各一班，使学校成为一所集小学、中学、大学、附属医院以及职业教育于一体的教会学校。

VIEW OF SCHOOL BUILDINGS AND RESIDENCE AT LAKESIDE

从洞庭湖边远观学校建筑和住宅，取自[美]海维礼:《美国复初会在华传教史》，第 48、49 页之间的插图。

从英文校名可以看出，湖滨大学实际上是一个教育集团或湖滨学校群（Lakeside schools），共设四大部门：蒙斋（Preparatory Department），即小学班，2 年制；中斋（Academy），即中学班，4 年制；正斋（College），即大学班，4 年制[42]，共 10 年教育[43]；另设道斋（Evangelistic Department）[44]，即神

---

41 岳阳市档案馆编:《岳阳市档案馆指南》，同上，第 46 页；向景葵、刘燕林、周钟声:《湖滨大学》，同上，第 35 页。

42 [美]海维礼:《美国复初会在华传教史》，同上，第 124 页。

43 也有资料认为学制 12 年:"这个学校从小学一直办到大学，一共 12 年，是个完整的教学系统，小学 3 年毕业后，继续读一年'英文'、'数学'和'圣经'等课程，然后升入中学，中学 4 年，从中学二年级起，除国文外，其他全部是英文本。大学 4 年，教学重点，偏重文科。"引自湖南省教育史志编纂委员会编:《湖南近现代名校史料》，第 1 辑，长沙：湖南教育出版社，2012 年 3 月第 1 版，第 215 页。

44 [美]海维礼:《美国复初会在华传教史》，同上，第 74 页；后合并入湖南协和神

学班，3 年制。神学班并不常设，一般依据传教需求而定。此前建立的普济医院成为医斋（Medical Department）[45]，而美立贞信女学堂与盘湖书院共同成为学斋（Educational Department）的成员。[46]

海维礼为滨湖大学校设计的课程尤为突出中国语言和文学，试图以此遏止外界对教会学校的批评。蒙斋教授"中文"、"世界地理"、"算术"、"英文"、"圣经"和"基本生理学"等课程。[47]中斋特别强调"汉语言文学"课程教学，另外开设"英语"、"地理"、"历史"、"数学"和"科学"、"圣经"等课程。[48]正斋的课程包括"圣经"、"高级英语"、"英语文学"、"哲学"、"历史"、"数学"、"科学"。正斋分四个年级：一年级（Freshmen）、二年级（Sophomore）、三年级（Junior）和四年级（Senior）。正斋学生全部为基督徒。[49]体育锻炼对每个级别的学生而言都属于必学课程。光绪三十三年（1907 年）4 月 15 日，海维礼在黄沙湾创设美国复初会湖滨支会，又称"黄沙湾支会"，建有湖滨礼拜堂（Lakeside Chapel）1 栋，供教徒与学生做礼拜用。该教堂由美国复初会总会妇女传道会（Woman's Home and Foreign Missionary Society of General Synod）捐资修建。[50]

其时中国现代教育尚处于起步阶段，社会上并无达到高中和大学入学水平的学生可供招收，因此湖滨大学的高中和大学生源均为本校学生自然升级而成，只有蒙学一年级为新招学生，其它年级只有个别插班生。湖滨大学校园当时尚未与岳州城区相连，学生均寄宿住校，学校雇有两位夜领班，负责晚上照看学生。

学院（Hunan Union Theological Seminary）。光绪三十四年（1908 年），湖南循道会创办简易神学校，培训本教派传教人员；民国三年（1914 年），由美国复初会、遵道会、内地会参与合办，更名为湖南协和神学院。参见谭仲池主编：《长沙通史·近代卷》，长沙：湖南教育出版社，2013 年 6 月第 1 版，第 930 页注释 1。

45 [美]海维礼：《美国复初会在华传教史》，同上，第 74、156、168-189 页。

46 [美]海维礼：《美国复初会在华传教史》，同上，第 168-172 页。

47 [美]海维礼：《美国复初会在华传教史》，同上，第 127 页。

48 [美]海维礼：《美国复初会在华传教史》，同上，第 129 页。

49 [美]海维礼：《美国复初会在华传教史》，同上，第 130 页。

50 [美]海维礼：《美国复初会在华传教史》，同上，第 131 页。

THE SENIOR CLASS OF LAKESIDE COLLEGE WITH EACH MEMBER'S FAMILY

湖滨大学四年级学生（男）及其家人。取自[美]海维礼：《美国复初会在华传教史》，第124-125页之间的插图。

学校自创办后直到合并，均设有董事会，监督学校的办学活动及经费划拨使用情况。董事会一般由5人组成，且5人须是基督徒。学校的一切重大决策、事项均须经董事会研究解决。学校还设有教导、训育、体育、童子军、总务等工作机构。[51]学校特别注重师资力量的培养与选拔。建校初期，校长一职一般聘用具有美国教育经历的人士担任，后教会大学毕业生均可聘为校长。[52]第三任校长即为本校第二届毕业后留学美国的郭发潜。此外，第一届毕业的张世秀、熊锶玉、熊庆云，第二届毕业的卢惠霖（1900-1997年）[53]、温远清、

---

51 邓建龙：《湖滨教会学校创办始末》，同上，第53页，电子版刊于"新浪微博"网站：https://weibo.com/p/2304185180396630102vdry，发布时间：2015年2月4日11：55，引用日期：2021年元月7日；胡岳君：《岳州湖滨大学创办始末》，刊于《档案时空》，2006年第11期，第40页，电子版刊于"岳阳市档案馆"官方网站：http://www.yueyang.gov.cn/daj/6658/6667/content_697746.html，岳阳市档案局：《岳州湖滨大学创办始末》，编稿时间：2017-03-28 09：45，引用日期：2021年元月7日。

52 胡岳君：《岳州湖滨大学创办始末》，同上，第40页，电子版刊于"岳阳市档案馆"官方网站：http://www.yueyang.gov.cn/daj/6658/6667/content_697746.html，岳阳市档案局：《岳州湖滨大学创办始末》，编稿时间：2017-03-28 09：45，引用日期：2021年元月7日。另外参见向景葵、刘燕林、周钟声：《湖滨大学》，同上，第31页。

53 参见《卢惠霖》，收录于邬力祥、阳太主编：《湘雅金字塔：纪念湖南医科大学恢

郭发潜，第三届毕业的汤湘雨（1906-1945年）等毕业后都回国在湖滨大学任教，其中的卢惠霖、郭发潜、熊锶玉、汤湘雨均曾留学美国。[54]

学校资金来源主要有两个渠道。第一个是美国复初会拨款，为主要经济来源，1949年前每年拨款为13，000美元或12，000美元；1949年后，每年为7，200美元。第二个是学生的学杂费、膳宿费，均用熟米计算。[55]

湖滨大学学生除部分来自湖北省，大部分从湖南教会小学毕业进入湖滨大学。学校学生分为自费生、公费生和工读生三种。公费生一般从岳州、华容、临湘、沅陵等地教会创办的小学毕业生前三名中产生，在校一切学杂费和食宿费全免，排在四、五、六名的学生为工读生，可在学校以勤工俭学的方式获取一定的收入。[56]

学生在校生活丰富，可自由组织各类团体。在校期间，学生自主成立的社团较多，其中尤以下几个社团影响较大。基督教青年会，在求新学堂成立之初名为求新学堂青年会；光绪三十三年（1907年），随校址迁移并更名为盘湖书院青年会；三年后，又随学校更名为湖滨大学青年会。该会以发展学生德智体群、提倡高尚校风以及养成健全人格为宗旨，以正宗基督徒为责任会员。他们有选举及被选举的权利。非基督徒为通常会员，仅有建议而无职任。传道团，为立志终生传道者所设。团内成员除在布道团任职者外，其他成员随时布道。耶教会，有长老和执事各2人，外请男性传道者1人，教友有80

复研究生教育二十周年》，长沙：湖南科学技术出版社，1998年9月第1版，第61-62页。卢惠霖，民国十四年（1925年）毕业于湖滨大学，后成为著名的生物学、医学遗传学和生殖工程学家。

54 邓文彬：《湖滨中学的变迁》，收录于中国人民政治协商会议湖南省岳阳市南区委员会文史资料委员会编：《岳阳市南区文史》，第1辑，内部资料，1992年，第121页；邓建龙：《湖滨教会学校创办始末》，同上，第52-53页，电子版刊于"新浪微博"网站：https://weibo.com/p/230418518039630102vdry，发布时间：2015年2月4日11：55，引用日期：2021年元月7日。另外参见向景葵、刘燕林、周钟声：《湖滨大学》，同上，第44页。

55 邓建龙：《湖滨教会学校创办始末》，同上，第53页，电子版刊于"新浪微博"网站：https://weibo.com/p/230418518039630102vdry，发布时间：2015年2月4日11：55，引用日期：2021年元月7日。另外参见向景葵、刘燕林、周钟声：《湖滨大学》，同上，第32页。

56 胡岳君：《岳州湖滨大学创办始末》，同上，第41页，电子版刊于"岳阳市档案馆"官方网站：http://www.yueyang.gov.cn/daj/6658/6667/content_697746.html，岳阳市档案局：《岳州湖滨大学创办始末》，编稿时间：2017-03-28 09：45，引用日期：2021年元月7日。另外参见邓文彬：《湖滨中学的变迁》，同上，第122页。

余人，常年可募捐到 300 元左右。童子军，由具有尚武精神、热爱劳动事业的学生组成。课余，他们出外模拟行军打仗。励进会，是由一部分学生为自治而创立的自治会，部分热心公益的学生加入后更名为"公益会"；后又改名为"进步会"；最后，在得到中学支援后而成立"励进会"。此外，学生组织还包括：体育会、英文文学会、伙食委赠会、交际社、英语会、爱国团、筹赈会、赎路会、国货会、游水队、红十字救护队以及各级班友会、同乡会等。[57]民国八年（1919 年）五四运动爆发，全国掀起爱国救亡运动高潮。湖滨大学学生积极投身学运。[58]

民国九年（1920 年）6 月 13 日，湖滨大学副校长赖美德为保护女生，遭张敬尧（1881-1933 年）部溃兵枪杀。消息传到北京，各国驻华公使即向北京国民政府提出抗议。美、英、日立即从长沙、汉口调派军舰驶往岳阳，撤退侨民，保护教堂。后北京国民政府答应赔修所损教堂房屋财产，向美国谢罪，枪毙张敬尧部溃兵 3 人，并给抚恤银 4.5 万元，了结此案。[59]关于"岳阳教案"，有资料认为发生在民国六年（1917 年），当时南北战争在湘爆发。北洋军王汝贤（1874-1919 年）的第八师一部分败兵窜到黄沙湾湖滨大学，强行入校。把守校门的赖美德阻止溃兵，其中一名士兵向他开枪，当场中弹丧命。保尔格随之继任副校长，原担任的书记职务由何谓信接替。[60]

湖滨大学从办学之即重视体育教育。民国十年（1921 年），湖滨大学举办首届运动会，以后每年举行一次，民国十五年至十七年（1926-1928 年）停办。学校聘请夏义可（Nicolai Kiaer，1882-1934 年）[61]教习田径，另外由何谓信传授踢足球[62]。其后，学校派学生同时兼任体育助教的袁浚（1901-1989 年）去

---

57 同上。另外参见向景葵、刘燕林、周钟声：《湖滨大学》，同上，第 33 页。

58 岳阳市档案局：《岳州湖滨大学创办始末》，同上。

59 参见《湘督张敬尧部溃兵枪杀湖滨大学长、美国传教士雷默德》，收录于徐镇元主编：《岳阳历史上的今天》，岳阳市档案局，内部资料，2003 年 10 月，第 165 页。关于岳阳教案，参见：《湖南省志：宗教志》，同上，第 498 页。

60 袁浚：《湖滨大学史述略》，收录于岳阳市政协文史资料研究委员会：《岳阳文史资料》，第 1 辑，第 1-3 页，参见第 1 页。该文收录于湖南省教育史志编纂委员会编：《湖南近现代名校史料》，1，同上，第 215-217 页，参见第 216 页。

61 相关生平介绍，参见陈翊荣：《悼念国际友人夏义可先生》，收录于益阳市政治协商会文史资料研究委员会编：《益阳市文史资料》，第五辑，内部资料，第 1984 年，第 83-88 页。

62 袁浚：《近代岳阳县体育活动演变概况》，收录于岳阳市政协文史资料研究委员会编：《岳阳文史资料》，第 1 辑，1983 年 3 月，第 52-53 页。

南京东南大学学习体育，毕业后回母校担任体育教师。湖滨大学足球队在岳阳立于不败之地。民国十二年（1923 年）冬，湖滨大学足球队在队长袁浚带领下参加在长沙举行的全运会足球预选赛，先后战胜长沙联队，湘雅、雅丽联队，以及益阳的教会大学信义大学队，获得湖南省足球冠军，从而获得参加中国第三届全运会足球比赛的资格。次年 5 月，湖滨大学足球队参加中国第三届运动会足球比赛，与华东队以 0：12 被淘汰[63]。这是湖南首次参加全国足球比赛。[64]湖滨大学足球队因此虽败犹荣。

FOOTBALL PLAYERS AT LAKESIDE SCHOOLS

湖滨足球队队员合影。取自[美]海维礼:《美国复初会在华传教史》，第 124-125 页之间的插图。

民国十五年（1926 年）8 月，受"大革命"运动冲击，湖滨大学停办。国民党岳阳县党部为培养革命人才，与中国共产党合作在原校址上创办"双十学校"，纪念民国十五年（1926 年）双十节北伐军进入岳阳。双十学校设高中、初中部。民国十六年（1927 年）"大革命"失败后，双十学校停办，教

---

63 万昌智:《抗日战争前岳阳的足球活动》，刊于《云梦学刊》1986 年第 1 期，第 154-156 页，特别参见第 155 页。

64 湖南省地方志编纂委员会编:《湖南省志第二十二卷：体育志》，长沙：湖南出版社，1994 年 10 月第 1 版，第 287 页。湖滨大学足球队队长袁浚在回忆录中记述，湖滨大学足球队代表湖南省足球队参加在湖北武昌阅马场举行的第二届全国运动会，输给上海联队。参见袁浚:《近代岳阳县体育活动演变概况》，同上，第 53 页。

会恢复办学[65]。民国十七年（1928 年）2 月，美国复初会派遣薛世和（Paul V. Taylor）[66] 重建湖滨大学，并担任第二任校长（1928 年 2 月-1929 年 1 月）；9 月恢复中学与小学教学工作。

此时，美国复初会考虑原湖滨大学规模不大，且受"大革命"冲击，原有教师早已星散，决定将湘鄂两省类似的教会大学合并成立华中大学，校址设于武昌。早在民国十一年（1922 年）2 月，美国圣公会、美国复初会、英国循道会、美国雅礼协会等差会代表，应邀在汉口美国圣公会主教吴德施（Logan Herbert Roonts，1870-1945 年）的寓所开会，决定在武昌开办一所联合大学；民国十三年（1924 年）9 月 8 日，华中大学在武昌原文华大学校址上成立。民国十八年（1929 年）1 月，美国圣公会、美国复初会、美国雅礼会、英国伦敦会、英国循道会五家教会的代表在武昌开会，达成重建华中大学的共识。随即湖滨大学大学部和长沙雅礼大学、文华大学、武昌博文书院大学部、汉口博学书院大学部正式合并组成华中大学，即今华中师范大学的前身。

第三节　吾辈取汝珍宝：1929 年之后的湖滨大学

湖南私立湖滨学校（1929-1934 年）

湖南私立湖滨高级农业职业学校（1934-1949 年）

湖南私立湖滨中学（1949-1951 年）

湖南省立湖滨农林技术学校（1951-1952 年）

湖南长沙农业学校（1952-2001 年）

湖南生物与机电工程职业技术学院（2001-2008 年）

湖南生物机电职业技术学院（2008 年-）

由此，民国十八年（1929 年），原湖滨大学只保留下中学部，并恢复办理

65　邓建龙主编：《岳阳市南区志》，北京：中国文史出版社，1993 年 12 月第 1 版，第 433 页；邓建龙：《湖滨教会学校创办始末》，同上，第 52 页，电子版刊于新浪微博：https://weibo.com/p/230418518039630102vdry，发布时间：2015 年 2 月 4 日 11：55，引用日期：2021 年元月 7 日。

66　薛世和随湖滨大学大学部并入华中大学。民国十八年（1929 年），华中大学设立教育学院，薛世和任院长。薛世在获美国获得博士学位，民国十八年（1929 年）至 1950 年一直在华中大学任教。参见[美]柯约翰（John L. Coe）：《华中大学》（*Huachung University*），马敏、叶桦译，李亚丹校，珠海：珠海出版社，1999 年 8 月第 1 版，第 50 页。

普通中学以及小学，中学设有高中、初中二部。学校改名为"湖南私立湖滨学校"，继续属美国复初会所有。[67]郭发潜担任校长（1929 年 2 月-1929 年 9 月）。这是中国人第一次担任湖滨学校校长。民国二十年（1931 年）8 月，学校正式向南京国民政府教育部呈请备案；同年 10 月，教育部正式批准立案。民国二十一年（1932 年）秋季，学校加办高级农业职业科；民国二十三年（1934 年），经教育部令准予停办高中部，保留初中部，改办高级农业职业专科[68]，称"湖南私立湖滨高级农业职业学校"，简称"湖滨高农"，设高级农业科及初中二部；同年 12 月，呈奉教育部准予立案。全面抗战期间，民国二十七年（1938 年）8 月岳阳沦陷前，学校先迁至华容县罗家咀，10 月又迁往湘西沅陵县城，设普通初中部、高中农业专科。抗战胜利后，民国三十五年（1946 年）秋，学校从沅陵迁回黄沙湾原址。民国三十六年（1947 年），湖南省教育厅指令，因血吸虫疫情严重，准予停办高级农业职业科，恢复高中普通科，改设完全中学，后于 1949 年 10 月改称"湖南私立湖滨中学"。1950 年 6 月，人民政府调查教会学校情况，学校时有教员 10 人、学生 182 人，共编办 6 个班，其中高中部 3 个班、初中部 3 个班。抗战前学生人数最多时达 345 人。[69]

　　1951 年，学校由湖南省农业厅接管，改名为"湖南省立湖滨农林技术学校"。1952 年，学校并入新成立的湖南省长沙农业学校。[70]2001 年，湖南省

---

67 邓建龙：《湖滨教会学校创办始末》，同上，第 52 页，电子版刊于"新浪微博"网站：https：//weibo.com/p/2304185180396301 02vdry，发布时间：2015 年 2 月 4 日 11：55，引用日期：2021 年元月 7 日。

68 邓建龙：《湖滨教会学校创办始末》，同上，2015 年 5 月，第 52-53 页，电子版刊于"新浪微博"网站：https：//weibo.com/p/2304185180396301 02vdry，发布时间：2015 年 2 月 4 日 11：55，引用日期：2021 年元月 7 日。此处记述的年代与此存在差别：民国十九年（1930 年）8 月，学校正式向南京国民政府教育部呈请备案；同年 10 月，教育部正式批准立案。民国二十年（1931 年），学校停办高中部，保留初中部，改办高级农业职业专科。向景葵、刘燕林、周钟声：《湖滨大学》，同上，第 230 页。此处记录的年代有不同之处：民国二十一年（1932 年）10 月，学校正式向南京国民政府教育部呈请备案并获正式批准立案，立案办理初中，增办农业高级科即高级农业职业科。民国二十二年（1933 年），学校停办高中部，保留初中部，改办高级农业职业专科，增办农技师资科，称"湖南私立湖滨高级农业职业学校"。

69 邓建龙：《湖滨教会学校创办始末》，同上，2015 年 5 月，第 53 页，电子版刊于"新浪微博"网站：https：//weibo.com/p/2304185180396301 02vdry，发布时间：2015 年 2 月 4 日 11：55，引用日期：2021 年元月 7 日。

70 邓建龙主编：《岳阳市南区志》，同上，第 433 页；岳阳市档案馆编：《岳阳市档案馆指南》，同上，第 46 页。

长沙农业学校、湖南机电工程学校合并升格为湖南生物与机电工程职业技术学院；2008 年定名为湖南生物机电职业技术学院。

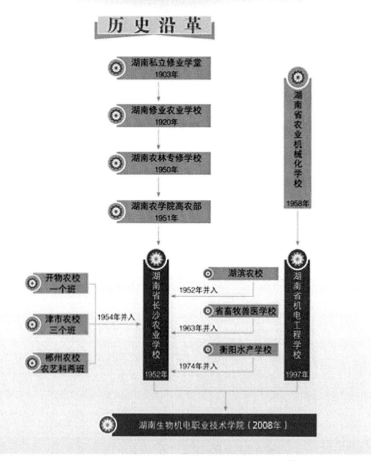

湖南生物机电职业技术学院历史沿革图[71]

岳阳师范学校奇家岭分校（1964-1969 年）

岳阳地区师范学校（1969-1975 年）

湖南师范学院岳阳分院（1975-1978 年）

岳阳师范专科学校（1978-1994 年）

岳阳师范高等专科学校（1994-1999 年）

71参见《历史沿革》，刊于"湖南生物机电职业技术学院"官方网站：https：//www.
hnbemc.cn/channel/26/2017/0721/detail-24653.html，引用日期：2021 年元月 7 日。
原图将"湖南生物机电职业技术学院"成立的年代标为"2001 年"，实际为"2008
年"，本书以此修改。

岳阳大学（1985-1999 年）

岳阳市教育学院（1986-1999 年）

岳阳师范学院（1999-2003 年）

湖南理工学院（2003 年-）

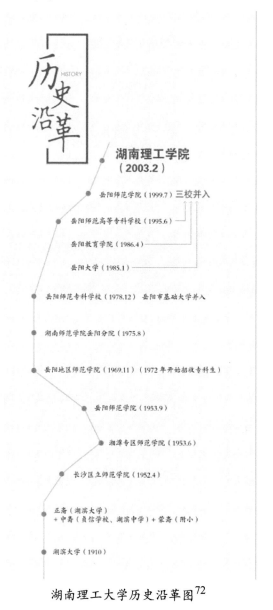

湖南理工大学历史沿革图[72]

---

72 引自"湖南理工大学"官方网站：https://www.hnist.cn/xxgk/lsyg.htm，引用日期：2021 年元月 7 日。

1969 年，岳阳师范学校于 1964 年设立的奇家岭分校改建为岳阳地区师范学校。岳阳地区师范学校留用原岳阳师范学校即贞信女中的部分教职员工。1975 年，岳阳地区师范学校改为湖南师范学院（现湖南师范大学）岳阳分院；1978 年经国务院批准，岳阳分院正式更名为岳阳师范专科学校。1994 年，岳阳师范专科学校升格为岳阳师范高等专科学校。1985 年，经湖南省人民政府批准、国家教委备案，岳阳市人民政府创办岳阳大学。1986 年 4 月，岳阳地区教师进修学院和岳阳市教师进修学院合并组成岳阳市教育学院。1999 年 3 月，经教育部批准，岳阳师范高等专科学校与岳阳市教育学院、岳阳大学合并为岳阳师范学院。2003 年 2 月，岳阳师范学院正式更名为湖南理工学院，校址位于湖南省岳阳市学院路。

湖滨大学（1998 年-）

值得一提的是，1998 年成立的湖滨大学也将自己的校史追溯到民国时期的湖滨大学。1979 年，美国出资开办"中北部大学认证协会（North Central Association of Colleges and Schools）亚洲区教学部"。1998 年，学校在国际 ICPA 认证中心、中北部大学认证协会的支持下，更名为"湖滨大学"（Lakeside University），位于岳阳市黄沙湾 102 号。[73]

第四节 湖滨精神散布：湖滨大学遗存录

1952 年随着湖南省立湖滨农林技术学校（1951-1952 年）合并入湖南长沙农业学校（1951-2001 年），并迁往省城，原校址由新湖南建设中学迁入。新湖南建设中学 1949 年由国立十一中学（1939-1949 年）与岳郡联中、岳郡联师合并而成[74]，1953 年 3 月更名为岳阳县第一中学，现为岳阳市第一中学。1952 年 9 月-1953 年 8 月，新湖南建设中学（岳阳县第一中学）在湖滨大学黄沙湾永久性校址办学，合并湖南省立湖滨农林技术学校的普通高中、贞信女中的初中部，留任原湖滨中学部分教师，接受原湖滨大学的部分校产。[75]1953 年

---

73 这座湖滨大学目前没有官方网站，材料引自百度百科词条：《湖滨大学（中国岳阳）》，参见 https://baike.baidu.com/item/湖滨大学/1436129?fr=aladdin，引用日期：2021 年元月 7 日。

74 马世富等编辑：《中国著名中学》，赵翰章、傅维利主编，大连：大连出版社，1988 年 12 月第 1 版，第 441 页。

75 向景葵、刘燕林、周钟声：《湖滨大学》，同上，第 90-92 页。

8月，岳阳县第一中学迁出之后，岳阳农学院、建设中学、岳阳县第二中学、岳阳县大学、岳阳县教师进修学校湖滨分校等先后在原校址上办学。[76]湖滨大学位于今岳阳市南湖新区湖滨黄沙湾，现为岳阳市市委党校和岳阳市特殊教育学校所在地。

"全国重点文物保护单位岳阳教会学校"纪念碑，2021年，杨建军摄

---

76 向景葵、刘燕林、周钟声：《湖滨大学》，同上，第90-117页。

　　湖滨大学遗存包括两个部分。第一部分位于岳阳市慈氏塔北的塔前街（今羊叉街），海维礼在此开班女学堂"美立贞信女学堂"与男学堂"求新学堂"，并建立福音堂。现今只有求新学堂教学楼保存至今。第二部分具体位于岳阳市岳阳楼区南湖风景区湖滨办事处黄沙湾社区今岳阳市市委党校和岳阳特殊教育学校院内，现今以"岳阳教会学校旧址"之名保存较为完好。2002 年 5 月，湖南省人民政府将岳阳教会学校旧址公布为省级文物保护单位，编号 35-35；2013 年 3 月 5 日，国务院将之公布为第七批全国重点文物保护单位。特别值得注意的是，湖滨大学遗存之所以相对保存完整，其中的一个重要原因是，此处也是"毛泽东考察岳州教育旧址"。[77]

　　湖滨大学校园最初占地 13 亩，后逐步扩张，最终占地 202 亩。1951 年人民政府接管湖滨教会学校时，全校共有大寝室 1 栋、大教室 1 栋、理化馆 1 栋、大礼堂 1 栋、食堂 1 栋、电机房 1 栋、教职员住宅 12 栋、教堂 1 栋，共 19 栋西式建筑。[78]所有的现存建筑均为砖木结构的欧式建筑，共分为两个区域。第一个区域是岳阳市市委党校。岳阳市市委党校校园山上山下留下三个具有鲜明的时代特征的校址：清末民初的教会学校、"文化大革命"时期的五七干校、改开时期的中国共产党党校。这三类校舍均保存完好。党校内的湖滨大学遗存有外籍楼、校长楼、教师楼、学生宿舍楼，总计 4 栋，另外有顶部坍塌、现已修复的教堂 1 栋。第二个区域是岳阳市特殊教育学校。院内有牧师楼 1 栋和呈曲尺形排列的别墅式员工住宅 7 栋。目前"岳阳教会学校旧址"总计有 13 栋历史建筑。

77　参见《原岳阳教会学校旧址——毛泽东考察岳州教育旧址》，发布时间：2017-07-26 12：00，刊于中共岳阳市委党史研究室主办的"岳阳市情网"官方网站：http：//www.yueyang.gov.cn/yysqw/43332/43336/44528/44555/content_1269135.html，引用日期：2021 年元月 7 日。

78　参见《1950 年岳阳县外国教会财产调查报告》，岳阳市档案资料。转引自邓建龙：《湖滨教会学校创办始末》，刊于《岳阳职业技术学院学报》第 30 卷第 3 期，2015 年 5 月，第 52 页，电子版刊于"新浪微博"网站：https：//weibo.com/p/230418518039630102vdry，发布时间：2015 年 2 月 4 日 11：55，引用日期：2021 年元月 7 日。

湖滨大学旧址鸟瞰图[79]

　　湖滨大学校园原址位于黄沙湾滨湖山地上，所有建筑根据湖滨丘陵地形和地貌规划。整个建筑群呈南北带状分布在低缓的黄沙湾山顶及东西两侧山坡上，西面山下为洞庭湖。山顶地势平坦，布置主体建筑群，由南向北依次排列。最南部是外籍牧师楼。南边往北为规模宏大的两层教学楼，面向西边的洞庭湖，视野开阔。中间为哥特式的湖滨礼拜堂，为建筑群中心，也是学校活动中心。北边两栋是体量较小的两层小楼。北面西坡半山腰上布置 1 栋两层住宅。此为校长楼。主体建筑群以南、山体东面山坡上建有 7 栋一层小住宅，为教师住宅。小住宅面向东面小湖泊，形成独立的住宅区。湖滨大学建筑在整体上体现出中西融合的特征。屋顶为中式，如教师住宅采用歇山顶。办公楼屋角建有起翘；墙身为西式，如使用连续拱券的外廊、简化涡卷的柱头。平面除教堂外，普遍具有外廊式建筑特征。[80]多数建筑利用山丘边缘起建，自然形成排湿、通风良好的地下室、架空层。建筑上大量使用玻璃、高大的券门、高窗用以改善通风和采光；另外，采用西式壁炉取暖。[81]

79 取自"携程旅行"网：https://you.ctrip.com/photos/sight/shanghai2/r5711427-499997108.html，引用日期：2021 年元月 7 日。

80 傅娟：《岳阳近代西式建筑》，刊于《古建园林技术》，2008 年第 1 期，第 48 页；另外参见岳阳市文物管理处：《全国重点文物保护单位——岳阳教会学校》，发布时间：2014-12-24 09：30，刊于岳阳市人民政府官方网站：http://www.yueyang.gov.cn/yywh/whyc/wh/content_482267.html，引用日期：2021 年元月 7 日。

81 岳阳市文物管理处：《岳阳教会学校》，刊于《岳阳日报》，发布时间：2018 年 01 月 05 日，转载于岳阳网：http://www.803.com.cn/newsspecial/content/201801/05/

外籍牧师楼，2021 年，杨建军摄

外籍牧师楼

外籍牧师楼，被当地人称作"红房子"，现称"1 号楼外籍教师楼"，位于学校北端西边临湖山脚下。牧师楼为现代砖木券廊式建筑，采用 L 型回廊，使用柱廊、长玻璃窗，分上下两层，总计有 5 根立柱，矗立在 L 型回廊的转折处。二层上部还建有阁楼。大楼平面基本呈方形，坐北朝南，东西长约 13.5 米，南北宽 12.8 米，总建筑面积 346 平方米。该建筑具有独特的建筑风格，建筑采用不对称布局形式，建筑平面基本呈曲尺形，柱偏隅西南角，柱头上有简化的竖向涡卷，具有爱奥尼柱式遗风，是典型的欧美近代建筑风格。室内及廊部大量采用繁缛的巴洛克灰塑浮雕线脚，具有欧陆建筑的装饰特点。

---

c82144.html，引用日期，2021 年元月 7 日。下文遗存介绍信息，除另外注释之外，均取自现"岳阳教会学校旧址"官方介绍，见于每处遗存的外墙说明文字。

学生宿舍楼，2021 年，杨一九摄

学生宿舍楼

学生宿舍楼，即"霍夫曼堂"，现称"5 号楼学生宿舍楼"，位于湖滨礼拜堂以南，处于黄沙湾中心位置，是原湖滨大学体量最大的建筑。大楼平面呈长方形，坐东朝西，南北长 36.2 米，东西宽 19.3 米，总占地面积 1,389 平方米。大楼为现代砖木券廊式建筑，采用四面回廊、柱廊、长玻璃窗，外周围廊采用"多立克"柱式（Doric Order），并组成券柱结构形式。学生宿舍楼分为上下两层，每层有宿舍 12 间，总计 24 间。大楼正门朝西，其他三方都设有通向外部的门。上下楼梯设于中间部位，因此宿舍分成东西两排，中间为走廊。宿舍门两两东西对开，与门相对的另外一侧各开两扇窗户，面向外面的回廊，由此形成各自封闭独立又保持对外畅通的交往空间。

湖滨礼拜堂，2021年，杨一九摄

湖滨礼拜堂

湖滨礼拜堂，现称"4号楼教堂"，位于原湖滨大学的正中心位置，即黄沙湾中部偏东，采用哥特式建筑。教堂结构不对称，正面左为平房，右为钟楼。从平面图看，教堂左为大正方形，右为小正方形，南北长17.1米，东西宽14.1米，总占地面积241平方米。1997年，由于长久失修并遭雷击，教堂顶部坍塌。岳阳市市委党校曾利用仅存的底层进行改造，现浇平顶后用作学员食堂。2019年，按照历史资料，教堂原貌得以恢复，现有的房屋框架、外墙、门窗均保持原貌。

教学楼*

教学楼，即"大讲堂"，总计上下两层，采用四面回廊、柱廊、长玻璃窗。该楼于1985年被拆毁。

海维礼住宅楼*

海维礼住宅楼，原称为"匹茨堡楼"，因海维礼居家使用，故名。民国十六年（1927年），海维礼在回美途中去世。为纪念海维礼，该楼改称"海维礼楼"或"维礼馆"，改用作图书馆，兼用作理化馆；与此同时，将9月1日校庆日日期改为海维礼的生日6月3日[82]。该楼采用四面回廊、柱廊、长玻璃窗。1985年，该楼被拆除。

---

82 另外参见向景葵、刘燕林、周钟声：《湖滨大学》，同上，第70页。

凉亭*

凉亭原位于海维礼住宅与教学楼之间，采用中国传统雕砖建筑风格，悬挂有一块木制牌匾，上刻"秀挹湖山"，由晚期秀才胡环澄题写。故凉亭也称"秀挹湖山亭"，现已被拆毁。

外籍教师楼，2021 年，杨建军摄

外籍教师楼

外籍教师楼，原为教师住宅兼办公场所，现称"3 号楼教师楼"，位于"2 号楼校长楼"附近，分为上下两层，后面依照山体地形建有架空层而形成三层。外籍教师楼南北面阔 16.5 米，东西进深 15.6 米，总建筑面积 410 平方米。大楼为砖木结构，带室外凉台，采用四面回廊，中门为砖砌券柱结构形式，使用柱廊、长玻璃窗。扶梯位于主室后面外侧。前面两层凉台悬挑，采用钢骨混凝土预制件，护栏使用水泥栏杆，上下均铺设木地板。

校长楼，2021 年，杨一九摄

办公楼

办公楼，即校长楼，现称"2 号楼校长楼"，被当地人称为"黄房子"，位于外籍教师楼东面坡上。该楼采用 L 型回廊，使用柱廊、长玻璃窗，分上下两层，为现代砖木结构，使用券廊，采用"多立克"及其变体柱式，并组成券柱结构形式。大楼基本平面呈方形，坐北朝南，东西长 19.4 米，南北宽 16.5 米，总建筑面积 640 平方米。麻石踏步位于南部中间部位。外廊柱形分为两种，南侧、西侧廊柱为圆形，东侧、北侧廊柱为方形。廊柱与内墙之间形成宽约 2.4 米的封闭式回廊。大楼下层架空。上下两层均铺设地板。

员工住宅

员工住宅，即员工宿舍楼，位于黄沙湾东南坡下，总计有 7 栋，呈曲尺形分布，其中南北向一字排列的有 6 栋。建筑形式大体一致，平面为正方形，前有券廊，屋顶采用九脊歇山形式。

员工住宅之一，2021 年，刘燕林摄

附录一：湖滨大学校长名录

英文培训班（1901 年）：海维礼

求新学校（1902-1907 年）：海维礼

盘湖书院（1907-1912 年）：海维礼

湖滨大学（1912-1926 年；1928-1929 年）

海维礼：1912-1926 年

薛世和：1928-1929 年

附录二：湖滨大学校歌[83]

哦湖滨我爱你

上溯天下及地

风致绰然

汝乃环山抱湖

林木花卉悦目

清空飞鸟出没

终年乐欢

吾学为人于斯

吾更勉奋于兹

尽吾所能

我之心志怀抱

忠诚目的达到

所受一切之教

简在帝心

湖滨精神散布

弥漫中华到处

生命为赞

真理学业日上

其以帝之灵光

扫除世间孽障

战胜过失

哦湖滨我品评

师及弟子真诚

高尚组织

吾辈取汝珍宝

83　胡岳君：《岳州湖滨大学创办始末》，同上，第 41 页，电子版刊于"岳阳市档案馆"官方网站：http://www.yueyang.gov.cn/daj/6658/6667/content_697746.html，岳阳市档案局：《岳州湖滨大学创办始末》，编稿时间：2017-03-28 09：45，引用日期：2021 年元月 7 日。参见向景葵、刘燕林、周钟声：《湖滨大学》，同上，第 34 页。

解脱束缚锁链

致使吾国变成

尊荣大地

第六章 真道发煌：绛水河畔的崇实大学

崇实大学

North China Baptist College

1920-1931 年

烟台市龙口市黄县故城绛水河东路林庄街 1 号

第一节　播种此方：美南浸信会与黄县

在中国教会大学史上，山东省在民国时期曾有一所名为"崇实大学"的教会大学，位于当时的黄县（Hwanghsien），即今烟台市下辖的龙口市。其英文校名为 North China Baptist College，即华北浸会学院或华北浸会大学。崇实大学，由美南浸信会（又译"美利坚合众国南方浸信会联合会"，在华也称"美南浸会西差会"）海外传道部（Foreign Mission Board of Southern Baptist Convention, 1845-1997 年）创办。从现今的区域划分来说，烟台市在历史上曾经拥有两所教会大学，另外一所是位于烟台市芝罘区毓璜顶的私立益文商业专

浦其维像[1]

1　照片取自"美南浸信会国际传道部"官方网站：https://www.imb.org/175/missionary-profiles/c-w-pruitt/，引用日期：2021 年 3 月 22 日。

科学校（1929-1936 年）。而崇实大学为烟台市第一所教会大学，也是当地第一所大学。从山东省来看，全省在历史上总计有教会大学 6 所，另外 4 所分别是潍县华北神学院以及位于泉城济南的齐鲁大学及其前身——登州（Tungchow）文会馆、潍县广文大学。

在如今的龙口市创办一所大学似乎出乎常人的预料之外。至今，崇实大学也几近不为人所知。黄县，即如今的龙口市，并不如青岛、烟台市等山东沿海城市发达。历史上的黄县位于山东省东部，濒临渤海，秦时属齐郡，汉设黄、嵫、徐乡三县。北齐天保七年（556 年）始设黄县。[2]明设山东布政使司登州府，黄县隶属之。清沿明制。民国初期，黄县属胶东道；民国十七年（1928 年）废道，黄县直隶山东省政府。民国二十七年（1938 年），黄县抗日民主政府成立，黄县属北海专署。抗日战争胜利后，民国三十五年（1946 年），黄县境西部划出龙口市；1950 年，人民政府撤龙口市改为龙口区，归黄县，属莱阳专区。1958 年，黄县属烟台专区，并入蓬莱；1962 年，析蓬莱复黄县；1983 年，黄县隶烟台市。[3]1986 年，黄县改设龙口市。如今龙口市为山东省烟台市代管县级市。历史上，黄县主要农产品以小麦、玉米等为主；煤炭、水产资源丰富，采煤业、渔业自古兴盛；交通发达，公路遍布全境。著名港口龙口港为北方天然良港，素有"稳油盆"之称，始建于民国七年（1918 年），逐渐发展成为胶东半岛重要的海运基地，被誉为"小上海"。黄县商业辐辏，清末设有货行数百家，民国初年创办有乙种商业学校，经商者几乎遍及全国，并远抵马来西亚、墨西哥等 30 多个国家和地区，对胶东地区经商风气有一定影响。黄县的邮政业开发较早，清末即有镖局、民信局、电报局，办理省内外护送邮件、投递、通讯业务。黄县民间尚武之风兴盛。[4]由此来看，民国时期的黄县海陆交通便利、经济繁荣、贸易发达，是一适合创办综合型大学之地。黄县的政治、经济、文化中心为黄城。黄城位于如今的龙口市中部偏北，也处于绛水河与烟潍公路交叉点之西南，东去蓬莱 31 公里，南去招远 45 公里，东南距栖霞 71 公里，距离烟台市区 104 公里，城区面积 3.2 平方公里。自北齐天保七年（556 年）直至 1986 年黄县改建为龙

---

2 车吉心等主编：《齐鲁文化大辞典》，济南：山东教育出版社，1989 年 7 月第 1 版，第 594 页。
3 烟台市地名委员会词典编辑室：《中华人民共和国地名词典山东分卷：烟台地名选编》，1986 年 2 月第 1 版，第 231-232 页。
4 车吉心等主编：《齐鲁文化大辞典》，同上，第 594 页。

口市，原黄县治所均设于此。[5]崇实大学就建于黄城的绛水河畔。

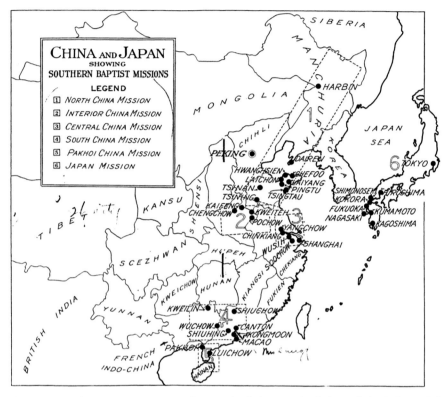

美南浸信会在中国与日本分别建立五大差会和一家差会，其中的华北差会
（North China Mission）传教区域最广，影响力最大。[6]

　　创建崇实大学的美南浸信会海外传道部属于新教宗派"浸礼宗"。美国
南北战争之后，最初由英国传入美国的浸礼宗在美国分为两个部分：美国南
方浸礼宗，通称"美南浸信会"；美国北方浸礼宗，通常称"美北浸礼会"。
美南浸信会海外传道部成立于 1845 年（道光二十五年），主要致力于向海外
差派传教士，最初传教的国家是中国与利比里亚（Liberia）。1997 年，美南浸
信会海外传道部改名为美南浸信会国际传道部（International Mission Board of
Southern Baptist Convention），总部位于美国的弗吉利亚州（Virginia）的里士

5　李继涛主编：《龙口市志》，山东省龙口市史志编纂委员会编，济南：齐鲁书社，
　　1995 年 10 月第 1 版，第 50 页。

6　[美]雷多马（T. B. Ray）：《美南浸信会在华概览》（*Southern Baptists in China*），
　　Richmond，Virginia：Foreign Mission Board of Southern Baptist Convention，出版
　　年代不详，第 12 页。

满（Richmond）[7]。美南浸信会入华后总计建立的差会有如下 5 个：华北差会（North China Mission），中国内陆差会（Interior China Mission），华中差会（Chentral China Mission），华南差会（South China Mission），中国北海差会（Pakhoi China Mission）。

花雅各与夫人花撒勒合影照[8]

胶东半岛是美南浸信会在整个华北地区最早开展传教活动的区域。美南浸信会派传教士花雅各（又译"霍姆斯"、"霍姆士"、"花慕滋"，James

---

7　"美南浸信会国际传道部"官方网址为：https://www.imb.org，引用日期：2021年 3 月 23 日。

8　照片取自"美南浸信会国际传道部"官方网站：https://www.imb.org/175/missionary-profiles/sallie-landrum-holmes/，引用日期：2021 年 3 月 23 日。

Landrum Holmes[9]，1836-1861 年）[10]、海雅西（Jesse Boardman Hartwell，1835-1912 年）[11]，先后于咸丰九年（1859 年）、咸丰十年（1860 年），到烟台和登

9　Holmes，在汉语中最著名的译名为"福尔摩斯"。

10　花雅各出生于美国弗吉尼亚州的普利斯顿，从哥伦比亚学院毕业后，于 1858 年（咸丰八年）婚后不久即携新婚妻子花撒勒（Sallie Little Holmes，1836-1914 年）受美南浸信会派遣到中国传教。他们于咸丰九年（1859 年）夏经上海到达烟台，成为最早来烟台的新教传教士。咸丰十一年（1861 年）10 月初，捻军攻占福山城，后突破清军夹河防线，于 10 月 7 日冲进宫家岛、珠玑等村烧杀。时花雅各夫妇正住在珠玑村，花雅各与另一名在珠玑传教的美国圣公会牧师贝克尔（Henry M. Parke，？-1861 年）前去劝阻捻军，不料二人遇害。花雅各遇害后，其夫人迁往登州继续传教，于同治六年（1867 年）因儿子健康原因回美，复又于同治八年（1869 年）至烟台传教，在时间上比慕拉第（又译"李题鳌"，Lottie Moon，1840–1912 年）早 3 年，后终于光绪七年（1881 年）因健康原因回国。参见斯各特·彼得森（Scott Peterson）：《慕拉第的传教导师：花撒勒》（Even Lottie Moon Had a Mentor in Missions：Meet Sallie Holmes），刊于"美南浸信会国际传道部"官方网站：https：//www.imb.org/2017/03/15/sallie-holmes/，发表日期：March 15，2017，引用日期：2021 年 3 月 23 日。光绪三十二年（1906 年），美南浸信会在烟台大马路十字路口筹建教堂，教堂名为"霍姆斯纪念堂"，又称"基督教浸信会教堂"，用以纪念花雅各。民国元年（1912 年）教堂建成，可容纳 800 人，是当时烟台最大的礼拜堂。堂前右侧墙壁嵌有石碑一方，上镌刻："一九一二年（民国元年）为纪念花慕滋雅各在太平天国时，为主殉道，修此会堂"。参见刘信纯：《我所知道的基督教浸信会的情况》，收录于政协山东省烟台市芝罘区委员会文史资料研究委员会编：《芝罘文史资料》第 4 辑，内部资料，1989 年 4 月，第 228-233 页，特别参见第 229 页。美籍传教士司提反（又译"司梯番"，Peyton Stephen）、慕雅各（具体信息不详）和中国籍的温月林、杨美斋（1889-1961 年）、仲崇文等先后在此担任牧师。"文化大革命"期间，教堂被另作他用；1980 年重新启用，天主教买下作为烟台市天主教堂。2004 年 4 月 30 日，"基督教浸信会教堂旧址"，被烟台市人民政府确定为市级文物保护单位；2013 年 10 月 10 日，被山东省人民政府确定为省级文物保护单位。遵循"整体保护、合理更新"的原则，基督教浸信会教堂旧址被纳入滨海景区保护规划，成为滨海景区的组成部分。参见烟台市地方史志编纂委员会办公室编：《烟台市志》，下，北京：科学普及出版社，1994 年 8 月第 1 版，第 1642 页；刘建昆：《十九世纪烟台的四个福尔摩斯》，刊于《烟台晚报》，2012 年 12 月 23 日星期五，B16 版。

11　海雅西是美南浸信会山东传教工作的开创者之一，在山东基督教史上具有重要地位。海雅西出生于美国南卡罗来纳州的达灵顿，父亲是浸信会牧师。1858 年（咸丰八年）冬，海雅西被任命为赴华传教士，带着新婚妻子从纽约起程前往中国，次年到达上海。在上海工作近两年以后，1860 年（咸丰十年），海雅西夫妇乘船来到烟台，拓展美南浸信会在山东的传教工作。咸丰十一年（1861 年），海雅西夫妇迁至登州，是最早驻登州的美南浸信会传教士。次年有 8 名中国人皈依基督，海雅西建立北街教会（North Street Church）。北街教会不仅是登州的第一个新教教会，也是山东乃至上海以北的整个北部中国建立的第一个新教教会。光绪元年

州（今蓬莱市）建立传教点。咸丰十一年（1861年），花雅各因劝阻捻军进攻烟台而被杀，美南浸信会在烟台的传教活动遂告中止。同年，海雅西在登州组建登州浸信会，被称为华北第一个美南浸信会，并以此为中心向周围地区扩展。

山东新教三大教会大学创始人（从左至右）：郭显德、海雅西与狄考文[12]

美南浸信会登莱议会（1891-1906）

美南浸信会山东议会（1906-1916年）

华北美南浸信会联会（1916-1950年）

此后，美南浸信会在山东进一步拓展传教区域，光绪六年（1880年），在招远县上庄建立教会；光绪十五年（1889年），在黄县建立教会，同年发展至平度县。光绪十七年（1891年），美南浸信会在登州召开由登州、招远、黄县、

（1875年），由于健康原因，海雅西夫妇被迫返美。在美期间，美南浸信会国内布道会委派海雅西到旧金山华人社区传教。海雅西在旧金山华人社区中工作14年，为旧金山华人教会作出贡献。19世纪90年代初，美南浸信会在山东的传教工作遇到危机，美南浸信会海外传道部派遣他返回山东，之后在登州创办华北浸会神学院，后将之迁至黄县。参见陈海涛、刘惠琴编译：《烟台一瞥：西方视野下的开埠烟台》，济南：齐鲁书社，2015年11月第1版，第98页。

12照片取自"美南浸信会国际传道部"官方网站：https://www.imb.org/175/missionary-profiles/jesse-b-hartwell/，引用日期：2021年3月23日。

平度 4 县美南浸信会代表会议，联合成立"美南浸信会登莱议会"。因上述 4 县旧时分属登州、莱州，故有"登莱议会"之名。光绪三十年（1904 年），美南浸信会再派美籍传教士司提反（又译"司梯番"、"司提友"，Peyton Stephen）和中国牧师温月林到烟台创办教会。光绪三十二年（1906 年），美南浸信会登莱议会在莱州召开第六届年会，参加议会的已有 15 个教会，信徒总数达 1，743 人。因议会范围扩大至省内各县，登莱议会遂改为"山东议会"，同时成立传道部。民国元年（1912 年），美南浸信会在莱阳成立莱阳美南浸信会教会。民国五年（1916 年），美南浸信会将山东议会更名为"华北美南浸信会联会"。时该会传教范围已扩展至山西、陕西，有教会 56 处，信徒 9，909 人。民国六年（1917 年），该会将传教范围推至东北地区，遍及整个华北区域，但华北美南浸信会联会的活动中心位于蓬莱、黄县等地。民国八年（1919 年），华北美南浸信会联会决定在黄县创办崇实大学。至民国十四年（1925 年），华北美南浸信会联会传教机构实质上完全转到黄县。时美南浸信会在黄县已建有教会学校、神学院、教会医院等机构。民国二十六年（1937 年），美南浸信会传教活动受到日本侵略军限制。民国三十年（1941 年）太平洋战争爆发后，美南浸信会美籍传教士及家属被日军逮捕，并被关押于潍县集中营，掖县、招远等地美南浸信会礼拜堂均被日军查封，医院等教会事业被日军接管，各堂点活动陆续停止。中华人民共和国成立后，烟台市的美南浸信会信徒参加"三自宣言"的签名活动。1956 年，黄县原美南浸信会信徒参加黄县基督教（新教）各派联合礼拜。1958 年，烟台的美南浸信会信徒参加烟台市基督教（新教）各宗派联合礼拜。[13]

从上述美南浸信会在华北、东北等地传教活动来看，黄县具有举足轻重的地位。美南浸信会在黄县经历了一个从小到大的发展过程。同治三年（1864 年），在登州传教的海雅西遣孙祖耀、梁维升至黄县租房讲道，前后 4 年得教友 2 人。光绪九年（1883 年），美南浸信会美籍传教士郑雅各（James Monroe Joiner，1849-1914 年）[14]、范以义（又称"台牧师"，Elijah E. Davault，1856-

---

13 烟台市人民政府民族宗教事务处：《烟台市民族宗教志》，内部资料，1993 年 6 月，第 171-172 页；另外参见庄维民编：《山东海上丝绸之路历史研究》，济南：齐鲁书社，2017 年 11 月第 1 版，第 356 页。

14 《郑雅各夫妇生平》（James Monroe Joiner & Mary Manassa [Eager]Joiner），刊于网站：http：//freepages.rootsweb.com/~gazetteer2000/genealogy/his_fbc/joiner_j_m.htm，引用日期：2021 年 3 月 23 日。

1887 年）[15]来到黄县，在城北宋家疃购丁宅传道，居住 3 年，范以义因染病去世，葬于芝罘（Chefoo）；郑雅各因眼疾回美。光绪十四年（1888 年），美南浸信会教育传教士浦其维（Cicero Washington Pruitt, 1857-1946 年）来黄县宋家疃传道，正式成立黄县浸信会，时有教友 13 人。为发展教徒，浦其维着华服，说中国话，雇佣贫民推磨，接济贫民，兴办学校和慈善事业。至光绪二十八年（1902 年），教友增至 71 人。次年，浦其维去登州筹办神道学校，遂将会务移交给司提反。司提反主持会务期间，教友增至 242 人。光绪三十一年（1905 年），司提反去烟台；次年，中国籍牧师臧雨亭[16]接办会务。光绪三十三年（1907 年），美南浸信会于小栾家疃筹建圣会堂，黄县浸信会迁此。民国二十二年（1933 年），教友增至 1，926 人。次年，臧雨亭因年迈，将会务移交中国籍牧师范明经。自"九·一八"事变至抗日战争胜利，信徒人数逐步增加，达 1，565 人。自立会以来，至民国二十八年（1939 年），黄县浸信会先后在北马镇、归城（1924 年迁至黄城集，称黄城集教会）、中村、洼里镇、龙口、乡城庙、南关、纸房迟家、冶基鞠家、黄山馆、诸高炉、沙沟村和大金家建立 13 处教会和福音堂。由教徒组成的布道团前往蓬莱、招远、栖霞各县传道，建有 52 处教会和 20 处福音堂，发展教徒数千人。黄县浸信会由此逐步发展成为美南浸信会海外传道部在华北地区的最大教会，成为华北美南浸信会联会的中心。而浦其维首倡设立此联会，且贡献良多。光绪三十二年（1906 年），华北浸会神学院迁于黄县。民国二十二年（1933 年），华北美南浸信会联会办事处设于黄县。太平洋战争爆发后，该教会及所属学校、医院被日军接管。美籍传教士被集中看管，中籍教会负责人被监禁拷审。民国三十一年（1942 年）春，范明经赴济南参加成立山东省基督教（新教）代表大会，提

---

15 参见范以义家族网站：https://devaults.net/g1/p840.htm，引用日期：2021 年 3 月 23 日。

16 臧雨亭，字润德，招远上庄人。同治五年（1866 年）冬天，海雅西到黄县传教，臧雨亭到黄县南门外护城河里，用石头打破冰面，在众人围观之下，接受浸礼，成为黄县第一个浸信会教友，后担任牧师；光绪三十一年（1905 年），协助海雅西和浦其维在黄县创建卜氏神学院即卜氏神道学校（Bush Theological Seminary），次年接办黄县浸信会会务，并至莱西等地主持创建教会；光绪三十三年（1907 年），在黄县小栾家疃筹建圣会堂，将浸信会从宋家疃迁此。至民国二十二年（1933 年），教友增加至 1，926 人。民国二十三年（1934 年），臧雨亭因年迈将会务移交给范明经。臧雨亭著有《美南浸信会来华之历史》，刊于《神学志特号：中华基督教历史乙编》（1925 年）。

倡教会自立、自养、自传，与英美教会脱离关系。民国三十六年（1947年），华北美南浸信会联会移至青岛，范明经出任秘书长，黄县浸信会自行解体。新中国成立后，人民政府实行宗教信仰自由政策。1957年2月，原华北美南浸信会联会秘书长范明经与全国基督教三自爱国运动委员会副主席戚庆才（1909-1990年）来黄县恢复教会。1957年3月，"黄县基督教三自爱国运动委员会"在圣会堂正式成立，选举范明经为主席。至此，黄县基督教会恢复正常活动。[17]

第二节　真道发煌：浦其维夫妇与崇实大学的创建与停办

浦安纳像[18]

---

17 李继涛主编：《龙口市志》，同上，第773-774页。

18 照片取自"美南浸信会国际传道部"官方网站：https://www.imb.org/175/missionary-profiles/c-w-pruitt/，引用日期：2021年3月22日。

在创建崇实大学以及治理崇实大学上发挥推手作用的是浦其维夫妇。浦其维出生于美国的乔治亚（Georgia）州，曾就读于肯塔基州路易维尔的美南浸信会神学院（Southern Baptist Theological Seminary）[19]。1880 年（光绪六年）来华布道兴学，有 10 年时间（1881-1891 年）与慕拉第[20]共同工作。浦其维最初驻山东登州，游行布道于平度周边，同年与先其一年来华的美国长老会传教士梯伊达（Ida Tiffany，1857-1884 年）结婚；嗣年转至黄县传教。光绪十年（1884 年）发妻病故。浦其维稍后复返登州，于光绪十四年（1888 年）奉调至黄县城北宋家疃重开教务，娶美国长老会传教士 Anna Seward 为继配，人称浦安纳（又译"浦安娜"、"浦哈拿"，Anna Seward Pruitt，1862-1948 年），同年长女浦爱德（Ida Pruitt，1888-1985 年）在登州出生[21]。

光绪十八年（1892 年），浦其维与浦安纳在黄县宋家疃开办华洋书院，即哈约翰学塾（John Carter Shool for Boys）。此即后来的崇实大学的发端。光绪二十六年（1900 年）义和团运动席卷华北，浦其维举家撤退回美，待事态平复后返回黄县。光绪二十九年（1903 年），浦其维积极支持美南浸信会医疗传教士艾体伟（Thomas Wilburn Ayers，1858-1954 年）[22]在黄县小栾家疃建立怀

---

19 关于该校的历史，参见学校的官方网站：https://archives.sbts.edu/the-history-of-the-sbts/our-presidents/john-a-broadus-1889-1895/，引用日期：2021 年 3 月 24 日。

20 慕拉第出身于美国南方富裕家庭，是美国南方最早获硕士学位的女性之一，会六、七种语言。她上大学时皈依基督，后在华传教近 40 年（1873-1912 年）。民国元年（1912 年）春，中国遭遇严重饥荒，她把自己所有的储蓄和食物分给周围的人。她本人的健康受到损害。12 月 1 日，慕拉第因饥饿昏倒在床上，其他传教士将她送上回美的航船。12 月 24 日圣诞夜，在日本神户港口，慕拉第去世，时体重只有 45 斤左右。美南浸信会自 1888 年（光绪十四年）为她提供捐款，1918 年（民国七年）用她的名字将原基金会"中国传教基金"（The China Mission Offering）改名为成"慕拉第圣诞奉献基金"（Lottie Moon Christmas Offering）。

21 浦爱德出生于山东黄县，是浦其伟的长女，曾创办北平协和医院社会服务部，曾将老舍（1899-1966 年）的《四世同堂》（The Yellow Storm）译为英文。

22 艾体伟，1901 年（光绪二十八年）偕妻艾民思（Mindora Skelton Ayers，1861-1935 年）及长子来华布道施医，驻黄县；次年接受佐治亚州麦肯第一浸会 3,000 美元捐款，在小栾家疃购地筹建医院。隔年医院落成开诊，称怀麟医院，附设医道馆，开班收徒授课，自任院长。是院之擘划筹建，为纪念捐资者瓦尔麟医师（Dr. E. W. Warren），医院西名特作"Warren Memorial Hospital"，即瓦尔麟纪念医院。民国二年（1913 年），艾体伟因主持防疫和救助起义伤员劳绩卓异，获袁世凯（1859-1916 年）所颁嘉禾勋章。民国十一年（1922 年），艾体伟募款在黄县南关

麟医院（Warren Memmorial Hosphital）。光绪三十一年（1905 年）前后，浦其维重回登州，后转至烟台，于民国二年（1913 年）出任焕文学校校长；之后再驻黄县。民国九年（1920 年），美南浸信会在黄县所办崇实学校增设大学预科。该会在黄县另办卜氏神道学校等 4 所教会学校全部并入，新校名为"North China Baptist College"，或称崇实大学。浦其维辞烟台焕文学校校长职，奉派返回黄县掌校。民国二十年（1931 年），崇实大学改组，更名为私立崇实学院，附设小学，隔年浦其维离任，后转驻烟台，民国二十五年（1936 年）退休，二年后携眷离华回美，接掌北美浸信会差传部（Baptist Foreign Mission of North America）。1946 年（民国三十五年），浦其维在佐治亚州亚特兰大去世。浦其维曾与人合作将自己求学美南浸信会神学院期间的导师包德士（John Albert Broadus，1827-1895 年）博士的《马太福音注释》译为中文。[23]夫人浦安纳于1948 年（民国三十七年）辞世。[24]浦安纳著有《往日琐事》（1929 年）[25]、《从零开始：在华北》（*Up from Zero：In North China*）（1939 年）及《中国船童》（*The Chinese Bost Baby*）（1938 年）、《中国的陀螺：少儿故事》（*Whirligigs in*

建一座红楼，底层设福音医院，由中国医师范循恩主诊。民国十五年（1926 年），艾体伟因妻病携眷回国，怀麟医院院长之职由安鼐森（Nelson A. Bryan）接替。翌年，黄县各界为感念其医德，集资在南关教堂立艾体伟医生纪念碑，碑高约 3米，碑文由教育家赵竹容（1888-1970 年）题写，碑座镌刻有关他创建怀麟医院的业绩。1935 年（民国二十四年）艾体伟发妻病故。1954 年，艾体伟在佐治亚州亚特兰大辞世。拉库爷爷的博客：《艾体伟》，刊于"新浪博客"网站：http://blog.sina.com.cn/s/blog_44a823a80102yqql.html，发表日期：2019-08-19 22：50：30，引用日期：2021 年 3 月 24 日。另外参见范恕之：《我所知道的怀麟医院》，收录于山东省龙口市政协办公室编辑：《龙口市政协会刊》，1987 年第 2 期，总第 18 期，内部资料，1987 年 8 月，第 21-22 页。

23 [美]包德士（John Albert Broadus）：《马太福音注释》（*Commentary on Matthew*），浦其维、张子云译，上海：中华浸会书局（China Baptist Publication Society），中华民国廿四年（1935 年）11 月。包德士的生平参见：https：//archives.sbts.edu/the-history-of-the-sbts/our-presidents/john-a-broadus-1889-1895/，引用日期：2021 年 3月 24 日。

24 [美]德鲁·巴里齐（Andrew Ballitch）：《你当知道的传教士：浦其维》（*Missionaries You Should Know：Cicero Washington Pruitt*），刊于"美南浸信会国际传道部"官方网站：https：//www.imb.org/2019/02/26/missionaries-you-should-know-c-w-pruitt/，发表日期：February 26, 2019，引用日期：2021 年 3 月 24 日。

25 [美]安娜·西沃德·普鲁伊特（Anna Seward Pruitt）：《往日琐事：一位美国女传教士的中国记忆》（*The Day of Small Things*）），济南：山东画报出版社，2010 年4 月。安娜·西沃德·普鲁伊特，即浦安纳。

China：Stories for Juniors）（1948 年）等书。[26]

华洋书院（1892-1909 年）

哈约翰女学校（1904-1909 年）

崇实学校（1909-1920 年）

上文提及，崇实大学发端于光绪十八年（1892 年）。是年浦其维及其夫人浦安纳在黄县城北宋家疃创办华洋书院，又称"哈约翰学塾"、"哈约翰学校"，为寄宿式男校，由浦其维夫妇主持校务。哈约翰（John Carter）为学校捐款人，为表感念，学校以之命名。华洋书院的校舍为浦其维夫妇从县城北宋家疃丁氏所购的丁家大院，总计有 7 个院子、11 间房屋。开办之初仅有学生 12 人，教员 1 人，即浦安纳。学生每年缴学费京钱两吊。因办学成绩显著，学校不久得到差会供给。[27]光绪二十九年（1903 年），浦其维至登州协助海雅西创办神道学校，将教务交给司提反。司提反在黄县城东小栾家疃新建校舍，并于光绪三十年（1904 年），将学校迁此，又扩建校舍。宣统元年（1909 年），美南浸信会教育传教士海查礼（又译"海查理"，Charles Hartwell，1884-1927 年）接办华洋书院，将哈约翰男、女学校改名为崇实学校。[28]哈约翰女学校（John Carter Shool for Girls，1904-1909 年），于光绪三十年（1904 年）由司提反在黄县城东小栾家疃的原八角楼创建。[29]

华北浸信会神学校（1903-1907 年）

卜氏神道学校（1907-1920 年）

海雅西于光绪十九年（1893 年）由美国重返登州。光绪二十六年（1900 年）前后，他首先在登州开设"季班"（quarterly class），训练当地信徒。不久，平度教会与黄县的信众需要培训信徒，海雅西邀请浦其维与其合作教学。浦其维教授"旧约"，海雅西教授"新约"。光绪二十九年（1903 年）春，在已有的办学基础之上，登莱浸信会于登州蓬莱县城戚家牌坊创立华北浸会神

---

26 浦其维的生平参见拉库爷爷的博客：《浦其维》，刊于"新浪博客"网站：http: //blog.sina.com.cn/s/blog_44a823a80102yt86.html，发表日期：2020-04-08 07：51：46，引用日期：2021 年 3 月 22 日。

27 龙口市第一中学史志编辑委员会编：《百年历程——龙口市第一中学史志》，内部资料，1992 年 4 月，第 2 页。

28 李继涛主编：《龙口市志》，同上，第 775 页；龙口市第一中学史志编辑委员会编：《百年历程——龙口市第一中学史志》，同上，第 2 页。

29 李继涛主编：《龙口市志》，同上，第 775 页。

学院（Training School of the North-China Baptist Mission）。海雅西担任首任院长。[30]

光绪三十一年（1905 年），美国阿拉巴马州莫比尔（Mobile）的卜氏（J. C. Bush）捐献 1 万美元，在黄县县城东南的林家庄子修建神学院校舍。登州的华北浸会神学院于光绪三十三年（1907 年），迁址黄县林家庄子，改以捐助人之名定校名为"卜氏神道学校"（又译"卜氏神道学"、"布氏神学院"，Bush Theological Seminary）[31]。海雅西一直负责华北浸会神学院的工作，直至民国元年（1912 年）去世。浦其维承其遗志，接手卜氏神道学校校长之职。美南浸信会与浦其维计划在卜氏神道学校的基础之上，逐步办成一所综合性大学，使这间学校成为美南浸信会在华北地区的宗教文化活动中心。

美南浸信会在黄县完成卜氏神道学校建筑之后，追加大量拨款，在小栾家疃购买大片土地，约计五百多亩，增建用于教育、医药、宗教活动的建筑群各一处。其中用于教育的建筑后成为崇实大学的永久性校址，用于医药的建筑后成为怀麟医院，作宗教用途的礼拜堂即圣会堂。[32]

美南浸信会最先在小栾家疃东面建一栋长方形工字楼，即后来华北浸会神学院的主体教学大楼，内分上、中、下 3 层。底层设有正副院长办公室、教师备课室、职员办公室和供教学用的 2 处教室；二层是堂皇富丽的礼堂和供教学用的 6 处教室；三层谓守望楼，后用作图书馆和阅览室。大楼东西各有便门，南北有直通大门。主体大楼的北面和东面，辟有 1 处足球场和 2 处篮球场。再北面另建有一栋专供男师生用的八字形宿舍楼。西壁是附建的一栋二层的食堂楼。主体大楼南去偏东约百米，有一处别墅式的独院。院内有三栋二层楼，专供在校的女师生食宿之用。主附建筑的周围，是开阔的校园。校园边缘培植《圣经》记载用于制造"约柜"的皂荚木树。[33]

30　李继涛主编：《龙口市志》，同上，第 776 页。

31　李继涛主编：《龙口市志》，同上，第 776 页；另外根据龙口市第一中学史志编辑委员会编：《百年历程——龙口市第一中学史志》，同上，第 2 页，时在 1914 年迁校于此，并更改校名。

32　刘信纯、张铁砚：《华北浸会神学院见闻》，收录于中国人民政治协商会议烟台市委员会文史资料研究委员会编：《烟台文史资料》，第 4 辑，内部资料，1985 年 3 月，第 127 页。

33　刘信纯、张铁砚：《华北浸会神学院见闻》，同上，第 126-127 页。

神道学校师生合影，第一排左三：海雅西，第一排左四：浦其维[34]

立本小学（1910-1920 年

育灵女师范学校（？-1920 年）

　　另外，美南浸信会于宣统二年（1910 年），在黄县小栾家疃创建立本小学（1910-1920 年）[35]；于登州创办育灵女师范学校（？-1920 年）。育灵女师范学校具体建校时间不详，于民国三年（1914 年），由登州迁至黄县。[36]

崇实大学（1920-1930 年）

　　至民国九年（1920 年），黄县已经成为美南浸信会的教育中心，在此设有崇实学校、卜氏神道学校、立本小学、育灵女师范学校。美南浸信会决定以小栾家疃为主体合并上述教会学校以及周边的教会小学，增设大学，始称"崇实大学"或"崇实学校"。[37]其中的小学位于林家庄子。[38]浦其维总揽全局，为第一任校长。该校包括：1 所幼稚园（即幼儿园，the kindergarten）；男女小

34　照片取自"美南浸信会国际传道部"官方网站：https：//www.imb.org/175/missionary-profiles/c-w-pruitt/，引用日期：2021 年 3 月 22 日。

35　李继涛主编：《龙口市志》，同上，第 775 页。

36　李继涛主编：《龙口市志》，同上，第 775 页。

37　李继涛主编：《龙口市志》，同上，第 775 页。

38　龙口市第一中学史志编辑委员会编：《百年历程——龙口市第一中学史志》，同上，第 8 页。

学部（the primary department for boys and girls）；男女中学部（the high school department for both boys and girls）；大学科即大学预科（Junior College），名为威灵汉姆学院（Willingham College）；神学科即由卜氏神道学校升格的卜氏神学院（Bush Theological Seminary）；师范科，即师范培训学校（Normal Training School for Teachers），以及女子圣经培训学校（Bible Training School for Women）。崇实大学是一所综合性学校，也是黄县的一大教育部门。[39]严格意义上，崇实大学是一所附设有幼儿园、中小学、师范学校、神学院的大学。大学科由海雅西之子海查礼任科长；师范科由女传教士赖崇理（Jane Lide，1883-1979 年）任科长[40]；神学科由郭维弼（Wiley Blount Glass，1874-1967 年）[41]任科长。学校行政事务归华北美南浸会联会董事会管理。[42]当时有学生约 400

39　[美]雷多马（T. B. Ray）：《美南浸信会在华概览》（*Southern Baptists in China*），同上，第 11 页；刘信纯、张铁砚：《华北浸会神学院见闻》，同上，第 127 页。

40　根据龙口市第一中学史志编辑委员会编：《百年历程——龙口市第一中学史志》，同上，第 3 页，师范科由廖纪平（Ullin Leavell）任科长。

41　郭维弼是美南浸信会海外传道部教育传教士，在获得文学士和神学硕士学位之后，于 1903 年（光绪二十九年）来华布道兴学，驻山东莱州，未几结婚；光绪三十四年（1908 年）转驻黄县，受聘为卜氏神道学校教习。民国三年（1914 年），发妻病故。民国五年（1916 年）前后，郭维弼娶女医传教士贝姑娘（Miss Jessie Ligon Pettigrew，1877-1962 年）为继配。民国九年（1920 年），卜氏神道学校与其它教会学校合并建立崇实大学，转为大学的神学科，郭维弼出任科长。民国十一年（1922 年）前后，郭维弼获神学博士学位。民国二十年（1931 年），美南浸信会联会将神学科改组，更名为"华北浸会神学院"，郭维弼受聘为教授，主讲"教会史"课程。太平洋战争爆发后，郭维弼被日军拘禁，押送日本；1943 年（民国三十二年），经交换被遣返回美；1945 年（民国三十四年），告老退休。继配夫人于 1962 年去世。郭维弼于 1967 年辞世。他的女儿郭姑娘（Miss Padie Eloise Glass, 1909-1995 年）也是美南浸信会海外传道部女传教士，出生于山东莱州，在美学成后于民国二十五年（1936 年）返华布道，驻黄县，后与高赐恩（Baker James Cauthen, 1910-1985 年）结婚，婚后改称高赐恩夫人（Mrs. Padie Eloise Glass Cauthen）。高赐恩夫人于 1978 年出版有关自己父亲的传记《高地：来华传教士郭维弼传记》（*Higher Ground: Biography of Wiley B. Glass, Missionary to China*）。参见拉库爷爷的博客：《郭维弼》，刊于"新浪博客"网站：http://blog.sina.com.cn/s/blog_44a823a80102yroh.html，发布日期：2019-10-19 07：14：14，引用日期：2021 年 3 月 27 日。有关高赐恩去世的年代记录有两个：其一，1982 年去世，参见网站：https://www.sfasu.edu/story/articles/Sept20-Cauthen.html，引用日期：2021 年 3 月 27 日；其二，1985 年去世，参见网站：https://www.nytimes.com/1985/04/16/us/baker-james-cauthen.html，引用日期：2021 年 3 月 27 日。

42　李继涛主编：《龙口市志》，同上，第 776 页。

人，教师 40-50 人。[43]

学校总占地面积为 36.6 亩，有房屋 252 间。学校建有文科学生教室、宿舍、膳堂等楼房 5 座，普通理科实验室、化学实验室、物理实验室、生物实验室、药品储藏室、暗室各 1 处，主教学楼即中心大楼设有图书馆、阅览室。用于教学的标本、仪器齐备，各类球场多处。学校经济主要源自差会捐款，年需华币 13,000 元。民国十六年（1927 年），随着学校主要负责人之一海查礼去逝，该校办学经费逐渐不足。[44]全校通常有学生约 300-400 人，教员 40-50 人。全校学生最多时达千余人。其中中学部的高中、初中生来自山东 18 个县以及吉林、辽宁、河北等 5 省市。[45]

民国十一年（1922 年），崇实大学废除旧式脱离实际的教学模式，改用新法教学。小学采用四二制，后 2 年男生添习"农业"、"木工"，女生添习"家政"、"缝纫"、"烹饪"等科目。中学采用三三制，添职业科。每年毕业学生有百余人。其中来自平度、招远的学生为数甚多。课本多不以我国部章为准则。小学、中学部增加的新科目，颇受社会欢迎。学校对学生施行基督化教育。每天上午第二节课后，学生按年级分别集中于礼堂，听福音，背诵经文。星期日聚会礼拜时，全校小学四年级以上学生全部参加。[46]

民国十四年（1925 年）"五卅"惨案发生后，高小学生郑敷田不顾校方阻拦，挺身闯出校门参加声讨英帝国主义罪行的示威游行，被学校当局开除。民国十七年（1928 年）5 月 3 日，日本侵华军队在济南肆意屠杀中国同胞，制造震惊中外的"五三惨案"。同年，崇实学校爆发以浦其维养女浦贵静（时在北京读大学）为首组织的反对帝国主义经济掠夺和文化侵略、反基督教、争取立案的学潮，持续半年之久，迫使浦其维辞职回国。[47]时负责神学科的郭维弼认为教会办学的目的是传教，学校可以不办，也不可立案放弃权力。年末，神学科毕业生只有 1 人，即范明经，次年招收的神学科新生，只有 4 人入读。[48]民国十九年（1930 年）5 月 3 日，崇实大学中学部学生会召开全体同

---

43 龙口市第一中学史志编辑委员会编：《百年历程——龙口市第一中学史志》，同上，第 3 页。

44 刘信纯、张铁砚：《华北浸会神学院见闻》，同上，第 128 页。

45 李继涛主编：《龙口市志》，同上，第 776 页。

46 李继涛主编：《龙口市志》，同上，第 776 页。

47 李继涛主编：《龙口市志》，同上，第 776 页。

48 刘信纯、张铁砚：《华北浸会神学院见闻》，同上，第 128 页。

学大会纪念"五三惨案"，大会秩序单上列有向国旗行三鞠躬。浦其维认为向国旗鞠躬属于崇拜偶像，违背基督教教义，要求学生会取消。学生们坚决反对。在开会时，全体同学向国旗行三鞠躬礼。第二天，浦其维宣布停止上课，解散学校。美国教员立即停课，中国籍老师继续上课。在中国籍教员支援下，学生们组织读书维持会，维持学校秩序，保证正常上课，直到 6 月中旬举行期末考试，学校名义上宣布放暑假，实际上学校等于解散。

第三节　灵恩灌浇：1931 年之后的崇实大学

崇实学院（1931-1941 年）

鉴于上述情况，华北美南浸信会联会议决组织筹备委员会具体负责重建崇实学校。民国二十年（1931 年）8 月，经过改组之后，原崇实大学改称"崇实学院"。[49]新学期开学时，只有 20 名学生入学。中国籍留美学生、原崇实大学神学科毕业生王季生（1895-?）担任校长。但是，经济管理权由美籍牧师掌握。学校改组后，原校长浦其维被美南浸信会派至烟台大马路东段的卫灵女子中学后院，在靠海边的一座楼上长期休养，不再担任任何职位，于民国二十五年（1936年）在此过世。在此期间，浦其维与人合作翻译并出版《马太福音注释》。[50]

崇实学院开办有高中、初中与小学。大学科不再恢复。最初，原神学科也隶属之。小学部分男小学；位于今日的林家庄小学；女小学，位于今日的北海医院院部。[51]民国二十年（1931 年），学院设立工读部，为贫穷子弟学生开办工读班。[52]至民国二十四年（1935 年），学校班级增到高中三年级，学生数增至 300 人，教员有 30 余人。民国二十八年（1939 年），日军侵入黄县，学校受到严重冲击。[53]民国三十年（1941 年），美籍教师被侵华日军当局监禁于潍坊的乐道院集中营，学校被迫停办。[54]在崇实学院短暂的十年办学历史

49 龙口市第一中学史志编辑委员会编：《百年历程——龙口市第一中学史志》，同上，第 4 页。

50 刘信纯、张铁砚：《华北浸会神学院见闻》，同上，第 129 页。

51 龙口市第一中学史志编辑委员会编：《百年历程——龙口市第一中学史志》，同上，第 4 页。

52 李继涛主编：《龙口市志》，同上，第 776 页。

53 烟台市人民政府民族宗教事务处：《烟台市民族宗教志》，同上，第 213-214 页；李继涛主编：《龙口市志》，同上，第 776 页。

54 李继涛主编：《龙口市志》，同上，第 776 页。

上，也培育出一批杰出的人才，其中的中国台湾地区浸信会首位华人女传教士彭莲生（1920-2008 年）就毕业于崇实学院的高中部。自"九·一八"事变后，崇实学院教师杜纯德（1916-1939 年）[55]面对严酷的现实，积极宣传抗日，在他的影响下，有部分进步师生投身革命。[56]

华北浸会神学院（1903-1920 年；1931-1941 年）

针对原神学科或神学部，民国二十年（1931 年）夏，美南浸信会和华北美南浸会联会共同召开紧急会议，决定改组，将之从崇实学院分出单设，复称"华北浸会神学院"。华北浸会神学院独立成为高级神学院，专门培养浸会系统的神职人员。院长一职由柯理培（又译"柯里培"，C. L. Culpepper，1895-1986 年，1931-1937 年在任）担任。神学院招收的学员均为信徒，来自全国各地教会。新生须具有初中文化程度，因此、神学院实际上所提供的是高中程度的神学教育。学校免收学费，生活费由保送单位负担。学员毕业后派赴各地教会充任教士、牧师等职。神学院教师由教徒或牧师担任，多为大学毕业生，少数为学者。[57]

在美南浸信会海外传道部和华北美南浸会联会的双重领导下，华北浸会神学院师资逐步完善。学校设有圣经、神学两科，民国二十五年（1936 年）后加入高等神学科。圣经科学制 2 年，神学科和高等神学科学制 3 年。学院还专设函授科。民国二十五年（1936 年）秋，神学院破格招收 1 名盲生，配备专职教师，辅导他学习盲文《圣经》与钢琴。[58]正是在这一年，神学院进入全盛时期，师资阵容强大。柯理培任院长，夫人柯藕莲（Ola Lane Culpepper，1896-1989 年）加入教学行列。副院长由从金陵神学院毕业的华籍牧师臧安堂（又名天保）担任。神学院另聘请由差会所派的赖德博士（Dr. Francis P. Lide，1898-1970 年）、纽敦博士（Dr. William Carey Newton，1873-1966 年）、赖崇理教士、赖守理（Florence Lide，1891-1970 年）教士、郭维弼牧师、范爱莲

---

55 刘式达整理：《一颗闪光的"硬砂"——杜纯德烈士传略》，收录于中共黄县县委宣传部、中共黄县县委党史委、黄县民政局编：《黄县革命英烈传》，第 1 辑，内部资料，1986 年 5 月，第 1-6 页。

56 李继涛主编：《龙口市志》，同上，第 776 页。

57 刘建昆：《从卜氏神道学校到华北浸会神学院》，刊于"新浪博客"网站：http://blog.sina.com.cn/s/blog_53a53e520100vwxz.html，发表日期：2011-07-22 22：05：46，引用日期：2021 年 3 月 24 日。

58 刘信纯、张铁砚：《华北浸会神学院见闻》，同上，第 130 页。

（Martha Linda Franks，1901-1992 年）教士等人，以及民国十七年（1928 年）该校唯一毕业生范明经加盟。其他华籍教员包括秦学诗、董古亭、姜继尧、孙镜玉、王淑清、董淑贞、臧宝真、佟雁亭、温复亭等[59]。华北浸会神学院的经费大部分皆由美南浸信会差会拨款，华北美南浸会联会也负担一小部分。[60]继任院长有钮顿、郭维弼（1936 年前）、柯里培（1936-1941 年）。神学院创有校刊《华北浸会声》季刊。[61]

民国二十六年（1937 年）全面抗战爆发。隔年，神学院挂起美国国旗，用以避免日祸。民国三十年（1941 年）美日关系紧张，美国政府下令美籍妇孺皆需回国。柯理培长子于民国二十六年（1937 年）回美读大学。民国二十九年（1940 年），柯藕莲携小女儿回国，柯理培独自留在中国。柯理培与另外留校的郭维弼牧师夫妇、范莲德教士、赖崇理教士及另一位安医生（具体信息不详）被日本兵软禁，历时 8 个月。[62]太平洋战争爆发后，神学院实际上处于停办状态。[63]由于经费来源枯竭，师生通过耕种校园土地维持基本生活。[64]

二战之后，华北浸会神学院因战祸无法重启，于民国三十六年（1947 年）正式宣告停办。柯理培转而在上海创办中华浸会神学院（1946-1951 年），并担任院长（1946-1950 年）一职。1951 年冬，中华浸会神学院与南京的金陵神学院合并。[65]

59 刘信纯、张铁砚：《华北浸会神学院见闻》，同上，第 135 页。
60 刘信纯、张铁砚：《华北浸会神学院见闻》，同上，第 128 页；另外参见刘建昆：《从卜氏神道学校到华北浸会神学院》，刊于"新浪博客"网站：http://blog.sina.com.cn/s/blog_53a53e520100vwxz.html，发表日期：2011-07-22 22:05:46，引用日期：2021 年 3 月 24 日。
61 刘信纯、张铁砚：《华北浸会神学院见闻》，同上，第 124 页。
62 刘信纯、张铁砚：《华北浸会神学院见闻》，同上，第 136 页；另外参见刘建昆：《从卜氏神道学校到华北浸会神学院》，刊于"新浪博客"网站：http://blog.sina.com.cn/s/blog_53a53e520100vwxz.html，发表日期：2011-07-22 22:05:46，引用日期：2021 年 3 月 24 日。
63 李继涛主编：《龙口市志》，同上，第 776 页。
64 龙口市第一中学史志编辑委员会编：《百年历程——龙口市第一中学史志》，同上，第 7 页。
65 刘信纯、张铁砚：《华北浸会神学院见闻》，同上，第 136 页；另外参见刘建昆：《从卜氏神道学校到华北浸会神学院》，刊于"新浪博客"网站：http://blog.sina.com.cn/s/blog_53a53e520100vwxz.html，发表日期：2011-07-22 22:05:46，引用日期：2021 年 3 月 24 日。

北海中学（1942-1944 年）

北海联中（1944-1945 年）

北海区干训班（1945 年）

北海中学（1945-1948 年）

山东省立北海中学（1948-1950 年）

山东省立黄县中学（1950-1952 年）

黄县第一中学（1952-1958 年）

蓬莱第二中学（1958-1962 年）

黄县第一中学（1962-1971）

黄县五七红专学校（1971-1976 年）

黄县五七大学（1976-1978 年）

黄县第一中学（1978-1986 年）

龙口市第一中学（1986 年-）

　　如今在原崇实大学永久性校址办学的是龙口市第一中学。龙口市第一中学校史与崇实大学本身并无办学上的联系。龙口市第一中学的历史源于民国三十一年（1942 年）在栖霞下郁都村建立的北海中学。民国三十三年（1944年），蓬黄福联中（1943-1944 年）并入北海中学。合并后校名为"北海联中"。民国三十四年（1945 年）夏，北海联中改为"北海区干训班"。民国三十四年（1945 年）10 月，北海中学重建，由栖霞牙山根据地迁入黄县县城，将接管后的黄县中学[66]并入，设高中、初中，后增设师范班和短期师训班，在石良集设分校，办有织布厂、鞋厂，学生半工半读。民国三十五年（1946 年）初

---

66 黄县县立中学（1912-1938 年）创建于民国元年（1912 年）秋。其前身系官立高等小学堂，校址在黄城南关鱼市街路北。民国二年（1913 年），黄县县立中学于校军场（也称"北校场"）今黄城东市场重建学校校舍，将原校搬迁于此。民国十二年（1923 年）志成中学创办。民国十七年（1928 年），县立中学与志成中学停办后合并，称黄县县立中山中学校。次年，学校改称黄县县立初级中学。民国二十七年（1938 年），胶东军政委员会和黄县抗日民主政府成立。当时处于全面抗日战争初期，抗日民主政府重视干部教育和国防教育。同年 8 月，黄县县立初级中学成立胶东公学。12 月，胶东军政干部学校由掖县今莱州市迁到黄县县立初级中学，与胶东公学同院办公。黄县县立初级中学自然解体。此后日伪在原校址建立黄县中学（1939-1945 年）。日伪黄县中学为完全中学。参见唐禄庭、唐志梅主编：《东莱史话》，济南：齐鲁书社，2006 年 12 月第 1 版，第 65 页；龙口市第一中学史志编辑委员会编：《百年历程——龙口市第一中学史志》，同上，第 12-22 页，第 23 页。

冬，北海中学迁至黄县城东小栾家疃原崇实大学旧址，后迁北二里处，11 月迁回山区根据地；民国三十七年（1948 年）1 月停办，10 月于小栾家疃崇实大学旧址复学。至此，历史上的崇实学校、黄县中学、北海中学交汇于此。校名改为山东省立北海中学。民国三十八年（1949 年）2 月，北海中学蓬莱分校于二刘家开学；1950 年 4 月，分校改为胶东区蓬莱中学。1950 年 8 月，莱阳专署奉山东省人民政府令，将山东省立北海中学改称山东省立黄县中学。北海中学为抗日战争和解放战争输送出大批军政干部。[67]

1952 年，山东省立黄县中学改为山东省黄县第一中学。1958 年，蓬莱、黄县、长岛三县合一，称蓬莱县，学校改称蓬莱第二中学。1962 年蓬莱、黄县、长岛三县分县后，黄县复还原名，学校随之复称黄县第一中学。"文化大革命"期间学校曾分别于 1971 年、1976 年更名为黄县五七红专学校、黄县五七大学。至此，在同一个办学地址上，黄县历史上曾经出现过两所大学：崇实大学，五七大学。1978 年，学校又改名为黄县第一中学。1986 年，黄县撤县建龙口市，黄县中学随之改名为龙口市第一中学。[68]此校名沿用至今。

第四节　累累嘉果：崇实大学遗存录

办学历史短暂的崇实大学旧址现以"崇实中学旧址"之名保存[69]。美南浸信会于光绪二十九年（1903 年）在黄县城东小栾家疃购地开始大兴土木。民国十四年（1925 年），主教学楼竣工。整个校区历时 20 余年完成，占地 36.6 亩，建筑楼房 16 栋，有房屋 252 间，现存有 8 栋建于晚清民国的建筑。[70]现存的8 栋楼房分布于龙口一中校园内，均为欧式风格建筑。主教学楼位于校园中部；东南侧是 3 栋姊妹楼，从南到北排列；北侧是元宝楼；西侧是南小楼、北小楼；南侧为德育楼。现存建筑均为砖木结构，屋顶采用塔式构造烟囱，阁楼为红色铁皮屋顶，其中的元宝楼屋顶为灰色，檐木涂为绿色，窗户为半圆拱形或矩形，

67 李继涛主编：《龙口市志》，同上，第 631-632 页。

68 李继涛主编：《龙口市志》，同上，第 632 页；相关的详细历史，参见龙口市第一中学史志编辑委员会编：《百年历程——龙口市第一中学史志》，同上，第 28-48 页。

69 参见《崇实中学》，刊于"龙口市人民政府"官方网站：http://www.longkou.gov.cn/ art/2018/7/13/art_14969_1365792.html，发布日期：2018- 07- 13 15:18，引用日期：2021 年 9 月 3 日。

70 唐禄庭、唐志梅主编：《东莱史话》，同上，第 66 页。

楼梯地板均为木制，部分厅顶呈拱形，绘有藻井壁画。[71]1992 年，"崇实中学旧址"被龙口市人民政府公布为市级文物保护单位；1996 年，被烟台市人民政府公布为烟台市级文物保护单位；2006 年 12 月 7 日，被山东省人民政府公布为山东省第三批省级文物保护单位，地址位于龙口市黄县故城绛水河东路林庄街1 号龙口市第一中学东校内。[72]此处现今也为龙口市第一中学崇实校区。龙口市现有东西走向的崇实路。"崇实"之名依旧保持至今。

主教学楼[73]

一、主教学楼

主教学楼，也称"大红楼"，后称"老办公楼"，现为龙口市第一中学校史楼。主教学楼于民国十二年（1923 年）动工，于民国十四年（1925 年）建成使用。主教学楼坐北面南，隔旱冰场与综合楼相对。正南门外两边各有一棵侧柏，为当年学生所栽，至今已有 80 多年。[74]

---

71 参见《崇实中学》，同上。

72 唐禄庭、唐志梅主编：《东莱史话》，同上，第 66 页。另外参见《崇实学校旧址》，刊于"博雅旅游分享网"网站：http：//www.bytravel.cn/landscape/90/chongshizhongxuejiuzhi.html，引用日期：2021 年 3 月 27 日。

73 参见《崇实中学》，同上。

74 参见《崇实中学旧址：胶东最早建校之一》，刊于"大众网"网站：http：//www.dzwww.com/2013/sdwsdt/ytwsdt_95128/lkwsdt_94849/lkslsyj/201312/t20131219_9372065.htm，发布日期：2013 年 12 月 19 日 16：21，引用日期：2021 年 3 月 27 日。

二、圣会堂

圣会堂即黄县小栾家疃美南浸信会礼拜堂。光绪三十三年（1907年），美南浸信会在黄县小栾家疃筹建美南浸信会礼拜堂。该堂可容纳信徒500人，并建有福音堂等附属设施，是美南浸信会黄县总堂，也是美南浸信会华北地区传教中心的一部分。华北美南浸信会联会曾设于此堂。另外，该堂设有蓬莱、黄县、掖县传道委员会和妇女传道委员会。该堂数次成为华北美南浸信会联会举行年会的会址。先后担任该堂牧师的有美籍牧师浦其维、郭维弼、司提反等，中国籍牧师有臧雨亭、范明经等。1957年，黄县小栾家疃美南浸信会礼拜堂成为黄县基督教三自爱国委员会所在地。"文化大革命"期间，教会活动停止，礼拜堂被承租单位拆除，后于1984年重建。[75]

三、黄县怀麟医院*

FIG. 324.—Warren Memorial Hospital, Hwanghsien.　26 x 110 feet with an L 16 x 35 feet.

1910年代的怀麟医院[76]

光绪二十七年（1901年），美南浸信会海外传道部派医疗传教士艾体伟在黄县城东小栾家疃建医院，次年落成。因该院款项由美国人瓦尔麟捐助，为纪念瓦氏，医院故名黄县怀麟医院。艾体伟为首任院长。此为美南浸信会在

---

75 烟台市人民政府民族宗教事务处：《烟台市民族宗教志》，同上，第201-202页。

76 [美]杰费里（William Hamilton Jefferys）、[美]马雅各（James L. Maxwell）：《中国疾病：收录台湾与朝鲜》（*The Diseases of China: Including Formosa and Korea*），Philadelphia: P. Blakiston's Son & Co., 1911年，第670页。

中国建立的第一所传教医院。医院有二层楼房 3 栋、附属楼房 2 栋及平房 10 余间。医院设有门诊部、候诊室、住院处、药房、男院病房、女院病房、透视室、化验室、消毒室、手术室等，备有自来水、发电、制冰等设备，设有床位 100 张，职工近 100 名。门诊部设内、外、妇、儿、五官科，均为西医西药诊病治病，医疗技术水平较高。医院先后附设医学学校和护士学校。[77]抗日战争时期，怀麟医院多次为受伤的八路军伤病员治病。民国三十一年（1942 年），该院被日军接管，美籍医护人员均被日本侵略军关押于集中营，医院改称"县立医院"；次年该院毁于战火。[78]

附录：崇实大学校长名录

浦其维：1920-1931 年

---

77 李继涛主编：《龙口市志》，同上，第 699 页。
78 烟台市人民政府民族宗教事务处：《烟台市民族宗教志》，同上，第 230-231 页。